受験合格は参考書が9割。

武田塾合格体験記　医学部・獣医学部編

林 尚弘

GENTOSHA

はじめに

受験生のみなさん、こんにちは。

武田塾塾長の林です。

この本は、とても合格しなそうなところから第一志望に逆転合格した話を集めたものです。

スタイル別に三冊に分けてあり、本書は「医学部・獣医学部」の合格生の体験談を集めてあります。

もし、みなさんが第一志望に合格しなそう、届かなそうな状況だったら、ぜひこの本を読んでみてください。たくさんの事例が載っているので参考になると思います。

もうA判定、B判定が出ていて、順調に志望校に合格しそうだったらこの本は必要ないので、そっと本棚に戻しておいてください。

偏差値とは、偏った、差の値と書きます。

偏差値を高くし、難関大学に合格するためには、**周りのみんなと同じ勉強法をしても伸びません。**

偏差値は上がりません。

この本に載っている勉強法は、大半の受験生とは違う戦法です。

それは「**授業を受けない**」**勉強法**です。

恥ずかしながら、私は受験生のときにみんなと同じ勉強法をとってしまい、そして、その勉強法も大きく間違えてしまいました。

誰よりもたくさん予備校に行き、たくさんの授業を受け、第一志望に落ちました。

なんでこんなにたくさん授業を受けたのに合格しなかったんだろうと悩みました。

そこで、もっと違う勉強法をしていれば第一志望に合格したんじゃないかと思い、理想の塾をつくりました。

日本初の授業をしない塾です。

そんな塾をつくったら、たくさんの逆転合格者がでました。

話題になり、全国に約３００校もできてしまいました。

それだけ、授業を受けても伸び悩んでいる生徒さんがいたということだと思います。

授業を受けているから、みなさん、偏差値が上がらないんです。

なんとなく、授業っておかしいなって思いませんか。

実は勉強って、**参考書で学ぶのが一番早い**んです。最も効率的なんです。

とはいえ、授業を捨てるのは、みなさん少し怖いかもしれません。

でも、この本に掲載したみんなの事例を読んでくれれば、授業を受けずに参考書だけで勉強したほうが早いとわかるはずです。

私は受験生のときに勉強法がわからず、とても苦労をしました。

ついついみんなと同じ勉強法をやってしまい、差が付きませんでした。

勉強法を間違えて第一志望に落ちてしまいました。

みなさんには同じ失敗をしてほしくない、ひとりでも多くの人に勉強法を知ってほしいと思って、いろんな本を出したり、ＷＥＢ上に公開しています。

その中で、一番みなさんが知りたいのは、どんな生徒がどんな状況からどのように合格したのかということかな？　と思い、実際に「授業をしない」塾でどのように生徒が合格したのか、そのすべてを書いたのがこの本です。

みなさん、自分の状況や志望校と似ている生徒さんの話から読んでみてください。

自分でも逆転合格できる！　って思えるはずです。

そして、来年はみなさんがこの本に載ってくださいね。


みなさんの逆転合格を祈っています。

僕みたいに勉強法を間違えちゃダメですよ！

武田塾塾長　林　尚弘

受験合格は参考書が9割。
武田塾合格体験記　医学部・獣医学部編

目次

合格体験記

カバー写真　Shutterstock
装丁　小松学（ZUGA）
DTP　美創
編集協力　神田和花

合格体験記

医学部・獣医学部編

合格体験記
1

薬剤師から一念発起、医師の道へ

すでに34歳、受験直前でようやくC判定

加《か》藤《とう》 祐《ゆう》
既卒

武田塾茂原校（千葉県）
コース：宿題確認特訓S

合格した大学

日本大学医学部／聖マリアンナ医科大学／岩手医科大学／福岡大学医学部／金沢医科大学（太字が進学先）

略歴

私立暁星国際高等学校卒、私立城西国際大学薬学部医療薬学科卒

暁星国際高校は協調性を重んじる全寮制の高校です。在学中は野球部に所属していました。

高校を卒業して、薬剤師を目指して進学した城西国際大学（偏差値50くらい）は、他学部（福祉や看護の学部）との交流も盛んな大学で、吹奏楽部（コントラバス）に所属していました。

大学卒業後、医学部受験を目指すようになるまでは、薬剤師として2年ほど勤務しました。

薬剤師の仕事を辞め、医学部を目指す

２０１５年、それまで働いていた薬剤師の仕事を辞め、医学部受験を目指して本格的な勉強を始めました。当初は、医学部受験予備校である「ウィンダム（渋谷）」や「富士学院（御茶ノ水）」に通いました。

志望大学と受験科目

日本大学医学部に決めたわけ

日本大学医学部は補欠合格だったので、入学出来ないものと諦めて聖マリアンナ医科大学の入学手続きを行いました。ところが繰り上げ合格の知らせが来ました。

日本大学医学部は、1週間の半分くらいは英語の授業で、外国人の講師が全部英語で講義を行うなど、ドクターにとっては公用語である英語の授業が充実しています。そのような利点もあり、さらに所在地も板橋区なので、千葉の実家に何かあったときは直ぐに帰れる立地でした。そのため、さんざん悩んだ末に聖マリアンナ医科大学進学を辞退して、日本大学医学部進学を決めました。

受験科目

数学ⅠA・ⅡB・Ⅲ、英語、化学、生物（センター試験で国語）

得意科目と苦手科目

得意科目：生物

薬科大学に行っていたことと、生物が好きだったため。

苦手科目：数学

数学的思考が苦手で、計算ミスも多かった。

試験ごとの対策

センター試験対策：過去問と駿台文庫の青本（英・数）、11月半ばから週に2回の確認テスト
2次試験対策：特になし
論文試験：過去問の添削程度
面接試験：特になし（スーツを着用した）

ケアレスミスをなくす練習

全問解いてから見直すのではなく、計算過程で一つひとつ確認してから次に進むようにしました。さらに時間を計りながら問題を解くことによって、解く速さの練習もしました。

武田塾と受験勉強

武田塾との出会いと入塾したわけ

医学部を目指す受験勉強を始めてから1年半、1次試験は突破出来ても2次試験の厚い壁に阻まれていました。「不足しているのは実践力だ」と考えたときにYouTubeで武田

塾の存在を知ったのです。既に試験日までに残された時間もあまりなかったのですが、武田塾の受験相談に赴き、入塾を決めました。

武田塾と受験勉強

武田塾に入って一番の変化は、取り組んだ演習問題を見直すクセが付いたことのように思います。武田塾で、ときには励まされ、ときには叱咤されて、毎週の確認テストも常に90～95％の正答率で、偏差値が伸びただけでなく、安定するようになっていきました。

私の日常生活と勉強

毎朝7時までに起きて、ランニングや犬の散歩をします。勉強は仕事帰りにファミレスの『ジョナサン』で。「今日は最低でも○時間はやる」と決めてやっていました。もちろん行きや帰りの隙間時間にはリスニングやシャドーイングです。受験生には睡眠も大切ですから、夜は12時前に就寝、最低でも6時間は寝るように心がけていました。

私のお薦め参考書、ベスト3

①理系数学入試の核心（Z会）

標準から応用レベルまで対応しているので、受験直前期でも確認に使える参考書です。

②大森徹の最強問題集159問生物（文英堂）

生物の基礎が抜けていると解けない問題が多いので、基礎を見直すきっかけにもなる参考書です。

③ポレポレ英文読解プロセス50（代々木ライブラリー）

英文の読み方が学べる参考書です。長い文章が多いので、長い文章に対するアレルギーを解消するためにも欠かせない一冊だと思います。

合格体験記――加藤　祐

――薬剤師の限界を感じていた

城西国際大学を卒業後、薬剤師として九十九里と大原の薬局で2年ほど勤務していました。その折々でドクターといろいろと話す機会もあり、もっと高度な医療判断が出来るような仕事に就きたいと思いました。

患者さんたちと話していて、こうしたらいいのにと思うことも多いのですが、薬剤師に出来るのは、医療全般から見ればほんの一握りの仕事です。さらに薬剤師は、ドクターに判断を委ねないとどうにもならない部分も多いのです。

たとえば下剤は使い過ぎると効かなくなってくるのですが、薬剤師の方からドクターに「この患者さんは薬に耐性が出来てしまっているようなので止めた方がいいんじゃないですか」とは言えないのです。

患者さんか患者さんのご家族の方から、「こういう症状があるから、どうにかしてもらえませんか」と言ってもらうしかないのですが、立場上そこが難しくもあり、もどかしくもありました。

実際のところ、薬剤師の病態に対する知識とドクターの持っている知識が乖離している部分があるのです。薬学部だと授業では本当に触りの部分しかやらないこともあって、ドクターが学んできた知識とは比べ物になりません。

そのためについつい、薬剤師もドクターを前にすると及び腰になってしまいます。さらにそれだけではなく、ドクターの処方箋があっての調剤薬局です。明確な上下関係が出来て当然の世界です。

――自分がドクターになって変えていきたい

それだったらドクターになって、自分で出来るようになりたい。薬剤師を経験したドクターとして、医者と薬剤師の垣根を解消するところまでは行かなくとも、相互の連携強化を図りたいと思いました。せめて自分の周辺の範囲だけでも、そういう働きやすい環境が出来たらいいのにと思っています。

最初は漠然としていた想いが徐々に強くなり、ドクターになろうと決心したのは２０１５年の春です。既に大学を卒業してから２年の歳月が流れていました。４月には薬剤師という仕事をいったん辞め、医学部受験の専門予備校「ウィンダム」に通い始めました。

翌年、医学部受験専門予備校を「ウィンダム」から御茶ノ水にある「富士学園」に替えたのですが、１次試験は何とか突破出来たものの２次試験の厚い壁に遮られて、お金の問題もあったので働きながらの勉強を１年半にわたって続けていました。

8月になれば、受験まであと僅かしかないと焦り始めます。このまま働きながらの勉強でいいんだろうかと思うものの、判断が付きません。医学部専門の予備校は年間の授業料が300万円程度もかかります。仕事を続けながら勉強するか、いったん休職して勉強に専念するか悩むところでした。

――安すぎて不安だった武田塾の料金

どうしようかと悩んでいるときに、武田塾のチラシがポストに投函されていました。

武田塾の案内に惹かれた理由は二つあります。

一つ目は、「ウィンダム」と「富士学園」という2校の医学部専門予備校に通った経験から授業形式でのやり方に疑問を感じていたこと。

そしてもう一つが料金システムです。先に書いたように医学部専門予備校だと年間で300万円ぐらいというのが普通の感覚です。それに比べて、武田塾の料金は1桁違いました。これならば仕事をきっぱりと辞めて、勉強に専念することが出来ます。さっそく受験相談を受けることにしました。

受験相談では、「9月3日に金沢医科大学の社会人入試がありますから、それがダメだったら入会します。この社会人入試を受けて、合格すればご縁がなかったということで」と話して帰ってきました。

それでも受験相談のときに、親身に相談に乗ってもらって、河合塾の模試の結果を見ながら、「ここが苦手なんじゃないですか?」「受験勉強はこういう感じのプランがいいですよ」と提示してもらえたので、金沢医大がダメなら武田塾に賭けるしかないという思いが強くなりました。

実は、そのときに提示された医学部合格までにやるべき勉強のルートは、かなりハードな内容でした。でも、それだけやらなければ合格がおぼつかないことは自分でも分かっていました。

結果的に金沢医大にはご縁がなく、迷うことなく武田塾へ入会することになったのです。

――武田塾で自分の甘さを徹底的に矯正

「医学部を目指しているんでしょう? 既にここまで出来ているから、足りないのは実践力なので、厳しくやらせてもらいます」

まずは模試の結果を見た上で「問題集は、これを使いましょう」「これを9割から9割5分、確実に出来るようになるまで先には進めません」と提示されたのが、数学の『基礎問題精講（旺文社）』でした。前もって数学が苦手だと伝えてあったのですが、河合塾模試の結果も参照しながら、「それだったら、これをやりましょう」「これが最低でも3周終わったら、次はこちらの参考書をやってもらいます」と提示されたのです。

「練習でもミスるのなら、本番じゃもっとミスるよ」

そう、何度も口酸っぱく言われました。

確かに、それまで自己採点が甘すぎたようです。1次試験には受かっても2次試験には歯が立たなかったのは、その自分に対する甘さのせいで失点につながっていたようです。

答が合っていても、解答に至るまで、どのように考えたのかをノートに書いているかなどもチェックされました。それまでのような、計算ミスをしてもやり方は合っていたんだから本番で気を付ければいいだろう、なんて考えも、徹底的に注意されました。

その結果、毎週出される宿題の確認テストでは、常に90点から95点の正解率で、安定していました。本番の試験まで何日も残されていませんから、1週間ごとの課題を一つも取りこぼさないように、集中して臨んでいました。

――常に見直し、納得できるところまで学習

それまでは、たまたま運よく解けた問題でも、「解けんだからいいや」とそのままにしていました。でも一度は解けた問題でも、時間の経過とともにどんどん忘れていくものです。1ヶ月くらい放っておくと、細かいところが抜けおちてしまいます。さらに論述になると、論理が飛躍している解答を書いてしまいます。

武田塾で受けていたのは、毎週の課題（宿題）が示されて、1週間後の確認テストでは満点を目指さなければならないという『宿題確認特訓』です。週ごとにやるべき内容がハッキリしていたことと、確認テストというごまかしの利かない方法のお陰で、いったんは出来たものも含めて常に見直すクセが付きました。

それまでは解けなかった問題に関しても、「時間ないし覚えちゃえ」と理屈抜きで暗記して終了にしていたことが多かったのです。しかし、理屈を突き詰めて、理屈を納得しながら進めないと、あとで困るということに気付きました。

そのような、勉強法の変化以上に、勉強の心構えの変化によって成績は伸び、かつ安定するようになりました。

――「凄く嫌い」が「ちょっと苦手」へと変化した数学

特に苦手なのが数学でした。なぜか数学的思考が苦手で、出来れば一生、数学には関わりたくないと思っていました。それなのに医学部受験に欠かせないのが数学です。

せっかく頑張って解いても、答が違うだけで0点になってしまうのが数学。ちょっとした計算ミスなのに、すべてが元の木阿弥です。前述のように私は計算ミスをしやすいのですが、それでも頑張ったんだから「この途中経過を評価してよ」と言いたくなります。

数学の理屈は嫌いじゃないのです。それでも「数学」って言われると身構えてしまいます。生まれついてのアレルギーみたいなものかもしれません。そんな数学ですが、本当に基礎のレベルから見直して積み上げて行く中で「凄く嫌い」が「ちょっと苦手」くらいになったと思います。

苦手な食材が、鼻をつまんで口に入れれば何とか食べられるって程度ですが……。

計算ミスが多かったので、1個の計算式を書いたら、次に行く前にいったん確認してから次に進むようにしました。検算しながら次に行くみたいな感じです。しかし最初の頃は効果が出て来ません。それどころか、むしろ時間が掛かりすぎて、焦ってさらにミスを招くことの繰り返しでした。検算のルーティーンを崩してしまって、かえってミスが多くなってしまうのです。

それでも慣れてくると時間も速くなって、計算ミスも減ってきました。計算間違いが減ると、検算しながら進めていても、時間短縮につながるのです。

マークが合わない場合でも、さかのぼって間違えた箇所を確認しなければならないのですが、常に検算しながらやっているので、すぐに見つけることが出来るのです。だから結果的には時間短縮につながるのです。さらに計算を速くするためにも、本番の試験のときの時間感覚を身に付けるためにも、必ず時間を計りながら勉強をしていました。

――気持ちが麻痺するぐらいに頑張ったらスランプ脱出

主な勉強場所は、ファミリーレストランの『ジョナサン』です。私にとって武田塾の自習室などは静かすぎて、少々雑音のある『ジョナサン』やカフェの方が集中出来ました。お腹が減れば注文すればいいし、ドリンクバーはお代わり自由だから、一石二鳥です。

朝は6時頃に起きて、犬の散歩が日課です。ときどきランニングもしていました。そして8時から夜の10時までが勉強時間です。食事休みを引いても毎日12～13時間は勉強です。受験直前期になると受験のタイムテーブルを意識して、6時くらいに起きたら1時間くらい、計算や英単語の問題をやっていました。頭のウォーミングアップをしないとスタートダッシュに乗り遅れるような気がしたのです。

もちろんスランプもありました。計算ミスが続いたときなど、何をやっても出来る気がしないのです。それでも結局はやらなきゃいけないので、気持ちが麻痺するまでガムシャラに勉強しました。

そうすると悩んでいた自分が馬鹿だったなと思えるのです。この歳になると、いったん遊ぶことでごまかしてしまうと、もう元へは戻れないような気がしていたのです。

だから移動のための、わずかばかりの隙間時間もリスニング対策です。たった10分程度で帰宅出来るのですが、キムタツ（木村達哉）のリスニング教材や『センター試験のツボ英語リスニング（桐原書店）』のCDデータをダウンロードして、ハイスピードで聴いていました。時間が短いので「今日は1～3だけにしよう」と、少しずつだけど繰り返しやっていました。

――それでも最初はE判定、12月になって少しは……

先に書いたように、武田塾に入塾したのは９月に入ってからです。模試を受けても、それでなくても苦手だった数学のケアレスミスが頻発して、それを防ぐための試行錯誤を繰り返している最中でした。

それまでは点数がぶれぶれだったのです。模試でも日大医学部はＥ判定でした。それから頑張って、最後の模試辺りで、ようやくＣやＤ判定です。他の大学の医学部も、Ａ判定には相当距離のある結果でした。

武田塾の先生たちの評価は分かりませんが、武田塾に入ったあと、着実に成績も伸びて、さらに安定するようになったと思っています。

実際に、模試の結果もそうだったし、過去問を解いても着実に点数が取れるようになったと実感していました。直前期の武田塾での確認テストでは、金沢医科大学と、日大医学部と、福岡大学医学部の過去問をやるようにしていたのですが、日大医学部の初見の問題でも、7～8割を安定して取れるようになってきました。

それが年も押し詰まった12月のことでした。センター試験も目前に迫る頃になって、これだったらいけるんじゃないのかなって思い始めました。

——そして迎えた運命の日

受験科目は、数学ⅠA・ⅡB・Ⅲ、英語、化学、生物です。センター試験の国語は福岡大学のセンター利用なので、現代文だけです。

ここまでくれば、もう悩むこともありません。自分の実力を出し切ることと、絶対にケアレスミスを犯さないという思いで解き進めました。

面接当日の服装は、歳も歳なのでスーツです。高校生はみんな学生服でした。中にはカジュアルな私服で来ている受験生もいます。

面接試験で一番聞かれたのが、やはりというか「年齢のハンディキャップをカバー出来るような自信がありますか」といったように年齢のことです。授業に付いて行けるかどうかと「実働年齢が少なくなりますよね」といった少し厳しめの質問もありました。

薬局ではどんな仕事をしていたのかとか、自己PRをしてくださいというのも結構聞かれました。自己PRでは「自分の長所は、必要だと思ったことに対して迷いなく取り組めることです」「ただしその際に、少し遠回りすることがあるので、大学では直していきたいと思います」と答えました。

――相次ぐ合格通知に絶句！ 泣きそうになった

次々と合格通知が届きました。ただし正規の合格は、聖マリアンナ医科大学と岩手医科大学です。日本大学医学部、福岡大学医学部、金沢医科大学（社会人入試）は補欠合格でした。

一番最初に岩手医科大学の正規合格の通知が来たときは、これで医学部に進学出来ると絶句、思わず泣き出しそうになりました。そうしたら今度は、聖マリアンナ医科大学からの合格通知も来るし、金沢医科大学や福岡大学医学部や、挙げ句の果てには日本大学医学部からの補欠合格の通知が、次々と届いたのです。

もちろん夢をかなえた嬉しさに有頂天になっていましたが、それ以上に「どうなっているんだ、これ！」「本当に、本当に合格したの？」「マジー……、本当にやったんだー……！」と半狂乱状態だったのかもしれません。たとえ補欠合格とはいえ日本大学医学部からの通知が届いたときは、その域まで到達出来たという達成感に酔いしれていました。

――いったん聖マリアンナ医科大学に決めたのですが

それでも日本大学医学部は補欠合格です。たぶん繰り上げ合格は出来ないだろうと、聖マリアンナ医科大学への進学を決めました。

入学金も納め、さらにマンションも借りました。聖マリアンナ医科大学は神奈川県なので、千葉の実家から通える距離ではないのです。このようにして一通り入学準備を終えた3月28日になって突然、日本大学医学部から「合格です」という電話が入ったのです。

悩みに悩みました。聖マリアンナ医科大学へは入学金も納めています。マンションも借りて引っ越し準備も終えているのです。それでも日本大学医学部は魅力があります。

伝統もあれば、英語教育が充実しているとも聞いていました。実は今ではほとんど、カルテも英語です。昔のようにドイツ語を使うドクターは僅かです。

昔は患者さんに診断内容を知られないようにと、わざとドイツ語を使っていたのです。今では原則的に情報開示が求められていますので、英語が普通になったのです。

その英語ですが、日本大学医学部では1週間のうちの半分くらいは英語の授業が入っていて、外国人の講師が全部英語で講義を行うなど、ドクターにとっては公用語である英語の授業が充実しているのです。

そのような利点もあり、そして何よりも日本大学医学部は東京都内の板橋区なので、千葉の実家に何かあったときは直ぐに帰れます。さんざん悩んだ末に聖マリアンナ医科大学進学を辞退して、さらには借りたばかりのマンションもキャンセルして、板橋区に引っ越すことに決めました。

――医学部に合格、そしてあとに続く人たちへ

ここまで読んでくださった人は、くそ真面目な堅物の受験者像を描かれたのではないでしょうか？　確かに一見、大人しめの地味なタイプなのかもしれません。

でも中身は、結構目立ちたがり屋なのです。城西国際大学薬学部のときには吹奏楽部に入っていたのですが、やっていたのはコントラバスだからメロディを担当出来ないので悔

しい思いをしました。そして日大の医学部に進んだ今は、アンサンブル部に入って、ヴァイオリンを一から始めています。メロディが出来ないと目立たないからなのですが、まだまだ弓の動かし方を練習している段階です。結婚式などで余興を頼まれれば、ここぞとばかりに全身タイツ姿で踊ったりもします。

以上は趣味の話なのですが、当面は医師国家試験という最大の関門が待ち受けています。その関門を突破して総合診療医としての道を進もうと考えています。

将来は、地域医療に貢献したいです。生まれ育った房総半島の九十九里の方で地域医療に携わりながら、ときにはヴァイオリンを奏でるなんて生活を夢見ています。

そのような夢が語れるようになったのも医学部に進学したからです。受験勉強をしているときの1年間は、受験生本人からすると本当に長くて辛い1年です。だから誘惑も多いし、自分に甘くなる瞬間も次々と訪れます。特に私の場合は一度大学の薬学部を出て、薬剤師の仕事も経験してからの医学部再受験です。何で今さら、こんな苦労をしなきゃならないんだと思わないでもありません。

そんなときに自問自答して、もうひと踏ん張りと勉強を続けたからこそ、今の自分があるように思います。幾度も負けそうになったけど、かろうじて負けずに頑張れたからこそ、ヴァイオリンに手を出すまでになれたのです。自分の場合は秋が訪れるころに武田塾の門を叩き、毎週の宿題確認によって迷うことなく進むことが出来たことも大きかったように思います。

――受験生に、ぜひお薦めしたい参考書

自己紹介の中の「私のお薦め参考書、ベスト3」でも紹介しましたが、もう少し詳しく書いておきます。特に私の弱点は数学だったのですが、武田塾に入塾して最初のうちは『基礎問題精講（旺文社）』を徹底的にやりました。この参考書のお陰で数学の基礎については強化出来たと思います。

しかし挑むのは、医学部です。さらに完成度を高めるために取り組んだのが、お薦め参考書のトップに掲げた『理系数学入試の核心（Z会）』です。

この参考書は、『基礎問題精講（旺文社）』の実践応用編という感じだと思います。だから標準から応用レベルまで広範囲に対応しています。受験直前期でも学習してきた内容の確認に使えるので、それこそ試験前日の寝る前にも使っていました。

不安なところを見て、解き方の流れと、この解法を使うみたいなことの確認に使っていたのです。

2冊目は、生物の参考書『大森徹の最強問題集159問生物（文英堂）』です。もともと生物が得意科目だったことに加え、大学の薬学部でも勉強していました。だから得点源ともいえる科目が生物だったのですが、この参考書では生物の基礎が抜けていると解けない問題が多いので、基礎を見直すきっかけになりました。

一癖も二癖もある演習問題が多い参考書です。難関大学の過去問なども多く、それこそ医学部入試に出る問題よりも難しい問題が入っています。だから得意科目とはいえ結構手こずりました。だからこそ基礎を見直すきっかけになったように思います。知らないことが出てくるので、調べると新しい知識の肉付けにもなって、生物についてのボトムアップにもなりました。

そして3冊目は、ほとんどの人が使っていると思うのですが、『ポレポレ英文読解プロセス50（代々木ライブラリー）』です。

最初は短い文章で出来ているのですが、徐々に関係代名詞を繋げていって、最終的には主語が何処にいったのか分からないような文章があったりします。単語などは頭に入れた状態で、この参考書を繰り返しやっていると、ここが関係代名詞でここにかかってと確認しながらやれば、2行、3行にわたって書かれているような長い文章も読み解けるようになり、長い一文に対してのアレルギーが解消出来ます。

――そして今、日本大学医学部に入って

まだまだ基礎の段階なので、医学部だという実感が湧きにくいのですが、医者になるための一歩を踏み出したのだということはひしひしと感じています。年齢が高いというハンデも背負っていますから、人一倍頑張らなければという切迫感もあります。

既に英語教育が充実していることについては触れました。以前から聞いていた通り、1週間のうちの半分ぐらいは英語での授業です。さらに、既に大学の薬学部を出ているとはいえ、以前学んだことよりもさらに詳しく学べることの喜びを感じています。

総合診療に進みたいのですが、両立出来るものかどうかもまだ分からず、ジェネラリストだけどスペシャリストに近いくらいの医師を目指そうと考えています。

一例ですが内科で糖尿病関係などに興味があります。糖尿病で難しいのは、患者教育です。血糖値が高いということは、主には食生活が乱れているからなのは誰でも分かります。食生活をどうやって正すのか、運動習慣をどのようにして付けるか。患者さん一人ひとりに合った提案が出来るかが肝要です。

そのためには患者さんの話をいろいろと聞かなければ分かりません。普段どういうものを食べているのか、好きな運動があるのか、趣味や習い事があるのか、そういうところから話のとっかかりを作って、相談しやすい関係を作っていくことが欠かせないのです。

そのように考えると、医者に求められていることは、単なる医療の知識だけではありません。日本大学医学部で学ぶことの範囲の広さに今さらながらですが驚いています。と同時に、興味津々です。

みなさんより一足先に、夢に向かって歩み出します。

みなさんもぜひ、新たな一歩を踏み出してください。

担当教務より

教務担当：原田翔平

志望校選択へのアドバイス

志望校については私立医学部に合格して医師を目指したいという目標であったため、2018年度・2019年度入試で受験してきた大学から大きく変更はせずに受験校を決定しました。

生徒の性格、勉強法の問題点

言われたことが納得出来れば素直に取り組もうとする生徒だったと思います。一方で自分に対して甘いところもあり、入塾時の状態からも「これくらいでいいかな」といった部分が多いように思いました。計算ミスも多く、確認テストでも計算ミスによる失点が見られました。再受験のために勉強してきた数Ⅲの『基礎問題精講』レベル（基本解法）に穴があったり、英語の長文がある程度読めるので、そのために文法に抜けがあったりしました。

受験勉強指導の重点ポイント

医学部受験において基礎の抜けは禁物です。そのために全科目の基礎の完成度を仕上げることに重点を置きました。応用的な内容に入ってからも、基礎の抜けを感じたら必ず確認をするように徹底しました。計算ミスなどのケアレスミスに苦しめられていたため、ケアレスミスを減らす努力と、試験中にミスをしたときの対応力をつけることも意識して指導しました。

途中経過と指導法の改善点

最初の段階から、確認テストは高得点を維持していたのですが、ときに自分に甘くなっているようで、「これくらいでいいかな」と、80％台になってしまうこともありました。そのようなときには90％台が取れなかった原因を問いただして、原因を自覚してもらうことと、どうすべきかを自分で考えるようにしてもらいました。

生徒の変化と指導上の留意点

自分のケアレスミスや出来なかった箇所について、自分から話しかけてくるようになりました。また、ケアレスミスの傾向についても、どのようなミスが多いかについて自覚するようになりました。

受験直前期対策と合格のための選択

直前期は『過去問→出来なかった箇所の分析→復習、参考書に戻って確認』のサイクルで回しました。受験する大学が多かったために、基本的には過去問1年分→復習日と1日ずつ交互にやりました。武田塾では演習日1日に対して復習日2日が基本ですが、ここまでハイペースでストイックにやってきたので、最後までしっかり回すことができました。

これからの大学生活に期待すること

薬剤師として一度は社会に出たものの、現場で働く中でいろんなことを感じて医師への道を目指した努力家です。困難を乗り越えて最後は医学部医学科合格を勝ち取ってくれました。ようやく大学受験のゴールは迎えることが出来ましたが、それと同時に医師への道のスタートです。実際に医療の現場で働いた経験があるからこそ、大学で勉強するときには他の人とは違った視点をもつことが出来ると思います。大学でもストイックに学問を追究して、思い描いた地域医療を現実のものとするための基礎を作ってほしいと思います。

合格体験記 2

一日一日の積み重ねが北大医学部現役合格につながった

ニコニコ笑っていれば運が味方してくれる

新《あら》井《い》大《だい》地《ち》
現役合格

武田塾札幌校（北海道）
コース：個別管理特訓（国語、数学、英語、物理、化学）

合格した大学

北海道大学医学部医学科

略歴

私立北嶺高等学校（中高一貫男子校）卒

僕の通っていた高校は札幌市内でも山の中です。スクールバスが出ているので、生徒はみんなスクールバスで山に登って行きます。中学の偏差値は61～63だそうですが、何とはなしに受験することになり、合格したので「じゃー、行くかー」って感じで入学しました。

中学時代はサッカー部に入りポジションはディフェンダーだったのですが、高校に進学すると同時に辞めてしまいました。

医師を目指すことに違和感がなかった

小学生のときに「（将来は）医者もいいんじゃないかな」と両親に勧められたことが、医師を目指す切っ掛けになったと思います。

父は循環器系内科の医師なので、何の違和感もなく医学部へと進みました。もちろん受けるからには、ぜひ入りたいと思っていたのですが、強い希望で医学部って感じじゃなく、中学受験と同じく「じゃー、受けてみるかー」って感じでした。

志望大学と受験科目

北海道大学を目指したわけ

東京は凄いと思いますが、僕にとっては都会過ぎるように思いました。北海道大学のある札幌は地元だし、そこそこの都会だから、僕にちょうど合っているのではないか、と。

高校3年の夏に体験授業にも参加しました。医学部の脳科学についての授業でしたが、内容についてはほとんど覚えていません。それでもキャンパスが広大で、自転車で移動する人が多かったという印象があります。広すぎて移動も大変みたいでした。

そのときは正直なところ自分の偏差値では不安だったのですが、「来られたらいいなぁ」と漠然と夢見ていました。

受験科目

センター試験では国語と地理がありましたが、2次試験の科目は英語・数学・物理・化学です。実は2次試験に国語がないから受けたのです。国語が大嫌いで、古典はちょっと出来るようになったのですが、現代文は最後まで出来ないままでした。

得意科目と苦手科目

得意科目：数学

自由に考えることが好きで、ある程度勉強が進むと自由に考えていろいろと定理を組み合わせれば解けるから。

苦手科目：国語、特に現代文

文章が長い。長いとやっぱり忘れちゃう。そもそも何を言っているのか分からない。

武田塾と受験勉強

武田塾には高校2年の4月から2年間通った

ともかく国語の成績が酷くて、このままじゃマズイ、何かないかなとネットで探していました。そんな僕を見ていた母が見付けてきてくれたのが武田塾だったのです。

とりあえず話だけでも聞いてみようと受験相談に行き、ここなら自分のペースで基礎からきちんと学べると思って入塾することを決めました。

武田塾での日々と受験勉強

武田塾に入ると一日一日のやるべき課題がハッキリしていて宿題になっています。毎日ちゃんとやらないと借金が増えていくような感じなので、その日のうちに終わらせるように頑張りました。

入塾したあと国語、数学、英語、物理を取っていたのですが、高校3年生になって化学も追加しました。5科目ともなると結構ギリギリのタスクだったのですが、自習室だけでなく家でも頑張って、ギリギリ何とか毎週の課題をクリアしました。

武田塾に入って良かったこと

自宅から武田塾札幌校までがめちゃくちゃ近いのです。JRで1駅なのですが、北海道だからといってその1駅の間が長くもないのです。だから歩いても行けます。

さらに講師の先生たちも、僕の志望校である北海道大学の学生さんが多く、医学部の人もいます。校舎長や教務の人もフレンドリーでしたから、すべてにおいて志望校合格のための勉強に専念出来るという条件が整っていました。

私のお薦め参考書、ベスト3

①重要古文単語315：読んで見て覚える（桐原書店）

ただ覚えるんじゃなくて、どうやって覚えるのか語呂が書いてあったり、その単語の由来が書いてあったりというのが面白い。持ち運びやすいサイズなので通学バスで勉強していました。

②国公立標準問題集CanPass数学（駿台文庫）

もともと数学は得意だったのですが、間違いなく点数が取れるようになったのは、この参考書を終えてからです。全統記述模試でも196点／200点と満点近く、「部分点のこの記述が足りない」と指摘されたぐらいになったのですが、この参考書で勉強した成果だと思います。

③宇宙一わかりやすい高校物理（学研教育出版）

分かりやすいから、武田塾でもルートの一番最初に提示しているのでしょう。最初と最後が漫画で説明されているので、それも面白い。たぶん誰でも、とっつきやすい参考書だと思います。

合格体験記――新井大地

――武田塾と出会って、本格的な受験勉強が始まった

通っていた学校は中高一貫の男子校だったので、そこそこの進学校とは言え、高校受験もないので特段の緊張感をもって勉強するほどではありません。

それでも仲の良かった友人たちは東京大学や医学部を目指していたので、ちょっと偏ってはいるもののノリのいい友人たちばかりで、それなりに勉強しなければという雰囲気もありました。

一方で僕はと言うと、中学時代にはサッカー部に入りＤＦだったのですが、高校に入ると辞めてしまいました。だからと言って大学受験に向けて勉強するという気にもなれず、だらだらと過ごしているうちに、あっという間に高校の1年が終わってしまいました。

高校での成績は、期末試験などの前に一夜漬けで頑張ればそこそこの点数が取れるのですが、ただ1教科、国語だけはどうにもなりません。あまりの酷さに、何とかしなければマズい。このままだと大学受験でつまずくことになると焦り始めました。

もうすぐ高校2年生という春休み、あちこちの塾や予備校をネットで検索して見ていたのですが、母親も心配して探してくれて、「こんな塾があるよ」と教えてくれたのが武田塾です。改めてネットでチェックしてみると、授業もなく、自分のペースで基礎から学べるというので受験相談に出向きました。

先ずは武田塾の札幌校、我が家からは1駅のところにあって、めちゃくちゃ近いのにビックリです。受験相談ではネットに紹介されていた通り、今の自分の実力を基に、参考書を使った志望校合格までの勉強のルートを提示され、武田塾における1週間単位の勉強の仕方を教えてもらいました。

――習慣になった日々の勉強と僕の勉強法

プロフィールにも書いたように、通っていた高校は山の中にあります。最寄り駅からは学校の通学バスに乗って、30分ぐらいかけてノロノロと登っていくのです。何しろ北海道ですから、冬場になって雪が積もり始めると1時間以上かかります。

だから自然とバスの中で、最初は学校の英単語帳『ユメタン：夢をかなえる英単語（アルク）』を使った勉強をしていました。やがて武田塾に入った頃からは、『シス単（システム英単語Ｂａｓｉｃ〈駿台文庫〉）』や『重要古文単語３１５：読んで見て覚える（桐原書店）』の暗記時間です。

隙間時間を自分で作ろうと努力したり、隙間時間で何をやろうかと考えたりしたわけではないのですが、ちょうど暗記に充てるには最適な隙間時間と通学バスという手ごろな空間が与えられていたようです。

本来の主な勉強場所は、武田塾の自習室と自宅の自分の机です。それを意識して使い分けていたわけではないのですが、5時間以上の勉強時間とやることがあったら自習室、それ以外は自分の机です。ただしこれも成り行きで、「今日は時間がありそうだから自習室に行こうかな」とか、「今日は天気が悪いから家でやろう」などと気分次第です。

もちろん家だとゴロゴロして、ついついテレビを観てしまうこともあるし、寝てしまうこともあります。それでも寝たいときには寝ればいいんだから、自習室に行って寝ないで頑張ろうとまでは思っていません。

武田塾に入って、勉強の習慣は付いたものの、機械的に予定を割り振って勉強するなどということは出来ないし、やろうとも思っていなかったということです。

――それでも宿題が、次々と襲ってくる

勉強をして、ゴロゴロしたいなと思ったらゴロゴロして、テレビ観て、また勉強してみたいな感じの日々を過ごしていました。テレビは結構なんでも観ます。夏休みとかで昼間も家にいるときはお昼の情報番組を観るし、夜だったらバラエティー番組です。映画は長

くなってしまうので、たまにしか観ません。テレビ以外でも、勉強に疲れたら野球ゲームなどをやっていました。

　受験勉強をしていてスランプに陥ったことはありますかなどと聞かれることもあるのですが、正直なところ、スランプになるほどまともに勉強していません。ちょっとダメかもしれないけど、**スランプに陥るような難しい問題は避けるのもあり**かなと思っています。解法が思い浮かぶまで格闘するなんてこともなく、例えば物理で『名問の森物理（河合出版）』などの難問にぶつかったら逃げるか、**先に軽く解説と答を見て「そうかー、このように解けばいいんだな」と先回り**していました。まともに立ち向かったら、苦手意識を持ってしまうように思えたのです。

　僕だけじゃなくて、僕の周りだけかもしれませんが、学校でもスランプに陥っているような友だちは見たことがありません。勉強の話をすることもあまりなかったのですが、いつだってみんなニコニコしていてノリのいい友だちばっかりだったのです。

　と、ここまで書くと、苦労もなしに受験勉強をしていたように思われるのかもしれませんが、何しろ授業をしない武田塾です。自己紹介欄でも書いたように、武田塾に入ると一日一日のやるべき課題がハッキリしていて宿題になっているから、**毎日ちゃんとやらないと借金が増えていくような感じ**です。やらないと、明日、明後日がヤバくなるなーみたいな感じなので、その日のうちに終わらせるように頑張りました。

――不倶戴天の敵は国語です

武田塾に入るきっかけになったのも、**国語の成績が酷すぎた**からです。模試を受けても、他の科目の成績はそこそこなのに、国語の偏差値は30台でした。

80字とか１００字の記述なども、まず書けません。ここで言うことはどういうことかと言われても分かるわけがありません。記号の選択肢も似たようなのが一杯あるので、結局は何から何までよく分からないのです。

それほどまでに苦手だった国語です。勉強法というか苦手な科目の克服法は、ひたすら読むしかなくて、メインの文章を読んだあとで本文の流れの説明というか解説をしっかりと読むことの繰り返しです。さらに設問の答を解説出来るようになるまで読み込んで、武田塾の特訓のときに講師の先生に説明することを繰り返しました。

その結果ですが、みるみる改善と言いたいところですが、そうそう甘くありません。頑張った甲斐あって、すぐに偏差値50台後半にまではなったのですが、そのあとは一進一退しながらも横ばいのままでした。

だから未だに、国語には苦手意識があります。でもそれが英語だと和訳が出来るのです。訳してみたら意外と簡単な文章が多いので、だから出来たのでしょう。

武田塾からは、他の科目も次々と宿題が出されます。そして1週間後には習熟度をチェックするための確認テストです。武田塾に入った当初、確認テストでは80点以上を目標に考えていたので、それが尾を引いたのか、確認テストの結果は最後までほぼ同じでした。

その確認テストの結果についてですが、その日のうちに講師の先生と一緒に間違えたところを考えました。『名問の森』などは、最初の方の演習問題は簡単ですが、後半になれば難しい問題になってきます。どうすれば良かったんだろうと講師の先生と一緒に考えてもらい、その日のうちに解決するための特訓です。

――学校の試験や行事も考慮した宿題配分

やはり両親は、学校の成績も気にします。それでなくても確かに学校の試験は学校の試験で、やはり大切だと思います。だから評定平均も頑張りました。受験勉強のために学校の成績がガクンと落ちるようなことになって、担任の先生から注意されたくもなかったのです。

武田塾の宿題と学校のテストが被って過重にならないよう、学校のテストがあるときは、その週の前後に宿題を分散してもらって、宿題の量を調整してもらいました。そのようなことも配慮してくれる武田塾だったので、無理なく勉強が続けられたのだと思います。

北海道大学が地元にあるので、講師の先生も北大生ばかりです。僕の志望する医学部の学生さんもいます。身近なところに目標とする北海道大学の学生さんたちがいるのです。そのこともモチベーション維持につながったと思います。

みなさん、とても親身になってくれて、僕が何が分からなくて困っているのか一緒になって考えてくれます。困っているところをピンポイントで教えてもらったり、答案を見てつまずいた箇所を直ぐに指摘してくれたりします。

いい具合に僕のことを分かってくれていて、失敗したときも「いいよ、いいよ、ここは気にしなくて大丈夫」と励ましてくれます。校舎長もまた、毎回のように「これも、どうせ出来るでしょ」と信頼してくれています。もしも受験に失敗したら、みんなに「あれー？　なんでー？」と言われそうです。ここまでくれば、頑張るしかありません。

――改めて受験勉強の日々を思い出すと

本格的に受験勉強を始めたのは高校2年生になってから、それこそ武田塾に入ってからです。大学受験まであと2年だから、そろそろやらないとマズいって感覚で始めたのですが、そのあとの2年間は、あっという間でした。気が付けば、「えっ、もうセンター試験」「そうかー、もう本番の2次試験なんだー！」って感じです。

医学部っていうと一日十何時間勉強しなければって話が多いんだけど、それだけのことをやったような、やらなかったような、ただそれでも気が付いたら受かっていたって感じです。

月日の経つのがすごく早くって、武田塾に入って毎週毎週、課題が示されてやってきたけど、もし武田塾に入っていなかったとしたら、気が付いたら本番の試験日で、試験のための対策も出来ていなかっただろうから、「あーあ、やっぱり合格出来なかったね」と呟いていたかもしれません。

武田塾だからこそ、一日一日のペースを考えた宿題が出されるから、それに従って淡々とこなしていくだけで、医学部合格に必要な膨大な課題を終えることが出来たのではないでしょうか。

そんな僕ですが、高校3年生になって受験勉強も佳境に入ってからは、夜遅くまで頑張ってても眠くなるだけなので、家に帰ってからは2~3時間勉強する程度に留め、遅くなっても日付を越えないようにしてベッドに入っていました。

先に書いたように高校までは、最寄り駅から通学バスに乗って山を登っていくので、朝は6時半に起きないと通学バスに置いていかれます。学校が近ければもっと寝ていたと思うけど、朝が早いので、やはり夜は日付が変わる前に寝ないと持ちません。だから塾もない日は7時ごろに帰ってきて、晩ご飯を食べてテレビを観て、8時か9時ごろからちょっと勉強して、12時までに寝ていました。

――受験直前期や本番も平常通りを心掛けた

本番の試験のときも、いつもと同じにすることを心掛けていました。センター試験や2

次試験本番のときも模擬試験のときも、お昼ご飯はセブン-イレブンのお肉の入ったおにぎり二つとお茶です。あとはいつも通り乳酸菌飲料を飲んでいました。

センター試験まであと何日だとか、本番の試験まであと何日と気にする人もいるようですが、僕は全然気にしないどころか、うっかりすると忘れてしまっていたぐらいです。それこそ当日近くなって、「えっ、もうセンター試験」と思ったぐらいです。

センター試験が近付いて変わったことといったら、寝るのが少し早くなったぐらいで、緊張もせずにそれまで通りの日々を過ごしていました。もちろんセンター試験対策の追い込みもやったことはやったけれど、数学のセンター試験対策はやらなかったし、国語もやるとなると時間が掛かりそうだから、ちょこちょこっとやっただけです。

2次試験も同様です。センター試験のときに〝この試験が終わって2次試験までの間に何しようかなー〟と漠然と考えてはいたのですが、あまり深くは考えていません。

数学を解くときはそれなりに深く考えるのですが、それ以外で深く考えたり緊張したりということは、ほとんどありません。

常に漠然と捉えているような性格なので、試験本番に臨んだときには、そういう性格が役立ったようです。ちなみに僕はA型です。

実は僕には双子の兄弟がいます。だから我が家には受験生が二人いたわけです。僕は国語が出来ないから武田塾に入ったのですが、もう一人は出来ない科目がなくて優秀だから、塾は「いいっかー」って感じです。参考書を使った自学自習だけで十分だったのです。

受験生二人とも、いつもニコニコしているから緊張感もないのですが、やはり受験生を二人も抱えているので、受験勉強中は家族もみんな静かにしていてくれました。

――受験本番で、ちょっと焦ったこと

北海道大学の2次試験では、東京大学などに比べると奇問や難問がほとんど出されません。だからこそ計算ミスのような凡ミスが命取りになります。「絶対、ミスしちゃダメだよ」と武田塾で幾度も念を押されていました。それでも自分では、模試や本番でケアレスミスはやらない方だと思っていたのですが、武田塾の教務の人からは「よく凡ミスをやってるね」と言われていました。

確かに確認テストなどでは、計算ミスをしていたのですが、確認テストで凡ミスをやっていたからこそ、模試とか本番ではあまりしなかったように思います。もしかすると頭の片隅には、自分はケアレスミスをするタイプだという意識があったのかもしれません。

例えば自由英作文の問題では、よく読むと「1段落で」とか書いてあるのです。僕は結構段落を分けるのが好きなのですが、過去問をやっていたときにも問題に「ワンパラグラフで」って書いてあったとかで、教務の人から「ほらまた見落としている。これは1段落だぞ」みたいなことを結構言われていました。

そうしたら本番で、三つぐらいの段落で書いていたら「ワンパラグラフで」って書いてあるのに気付いたのです。途中で気付いて直したから良かったものの、もう少しで大失敗をやらかすところでした。武田塾でしつこく注意されていたことが役立ったのです。

あとはもう、本番では運を味方に付けることです。そして運を味方に付ける要素は、やっぱりニコニコ笑うってことじゃないでしょうか。試験のときだって怖い顔をしていたら、運も逃げてしまいます。だから僕は常日頃から、怒ることなんてまずありません。

――合格の喜びと大学でやりたいこと

「あったよー」という母の声で合格したことを知りました。

合格発表の当日、9時には発表されると知っていたのですが、どうせネットも混むだろうからとサッカーゲームをやっていたのです。あとで考えたら、僕が直接ネットで見たわけじゃないのですが、母の「あったよー」って声が合格発表そのものです。

「あっ、もう繋がったんだ」「受かったんだ」と喜びが込み上げて来ます。友だちにＬＩＮＥで「受かったよ」と報告したら、「おめでとう」と返ってきて。そのあと学校に電話して合格を知らせたら、それがネット上にアップされて、次々と「おめでとう」メールが届きました。

そして今や北海道大学医学部の学生です。略歴でも書いたように中学も、何とはなしに受けて合格したから「じゃー、行くかー」って感じでした。当初は医学部受験も中学受験と同じく「じゃー、受けてみるかー」って感じだったのです。でも今では真剣に、医学部に入れてもらったのだから、立派なお医者さんになろうと思い始めています。

高校までは、やるべきことを誰かが教えてくれました。でも大学に進学した時点で、自分の行動に責任を持つ大人だと思います。もちろん選挙にも行ってきました。

大学って、履修科目や時間割などの選択の自由もあります。でもその一方で、すべてが自己責任です。一例ですが、医学部では1年で何単位取りなさいという進級のための基準があります。ある大学生の場合、履修を申請した科目が進級のために必要な単位数より少なかったそうです。そのため履修をした分の全単位を取っても、留年せざるを得なかったそうです。

これは一例ですが、大学生ならば自分の履修科目は自分でチェックすべきです。もうすでに大人ですから、誰も面倒を見てくれません。

担当教務より

教務担当：佐久間史祐（札幌校校舎長）

志望校選択へのアドバイス

志望校は北海道大学の医学部医学科です。北海道大学はセンター試験の必要点数は高いのですが、2次試験では奇問や難問はほとんど出題されません。ですから北海道大学の医学部を目指すのならば、ミスを減らす学習が必要だと助言しました。

生徒の性格、勉強法の問題点

性格は真面目です。入塾前の傾向は定期試験の成績は良いが模試はいまいちの出来でした。日々の勉強をとりあえずこなしているのですが、全体的に根本的な理解度が低いという印象を受けました。

受験勉強指導の重点ポイント

高校2年生の春に入塾ですが、理系教科はまだしも、北海道大学の医学部を目指すのならば、国語の成績アップが急務でした。そのために現代文の読解・古典文法の基礎などを、むやみに難易度を上げずに、基礎レベルよりしっかりと理解して解答出来るように時間をかけました。

途中経過と指導法の改善点

高校３年生になるころには国語の成績も安定してきました。中高一貫校のために学校の授業の進度は早く、塾の勉強と学校の勉強の両立を目指すことで国語以外の教科も安定して得点出来るようになりました。北海道大学の英語の受験ポイントとしては英作文があり、３年生後半の特訓は英作文を重点項目としました。

生徒の変化と指導上の留意点

成績は安定してきたのですが、初見問題、骨のある問題への対応がやや厳しかったので、特訓の際には宿題の確認テストプラス初見問題（高難易度の問題）を毎回出題して、日々の学習にメリハリを持たせるようにしました。さらに英作文についても設問を流し読みする傾向にあったので、同じような対策で本番でのミスを防ぐ努力をしてもらいました。

受験直前期対策と合格のための選択

特に高校3年生になってからは、模試ではほとんどA判定ですが、センター試験本番で国語をミスってしまいました。それでも2次試験で何とかカバー出来たのは、北海道大学の理数の過去問では、常に満点を取れるだけのレベルまで、演習をやっていたからだと思います。

これからの大学生活に期待すること

医師はすべての判断が人の命に直結する大事な職業です。しっかり大学で学習して、立派な医師になってください。

合格体験記
3

取るべきところで落とさなければ合格できる

二浪目は、授業をやめて演習量を増やした

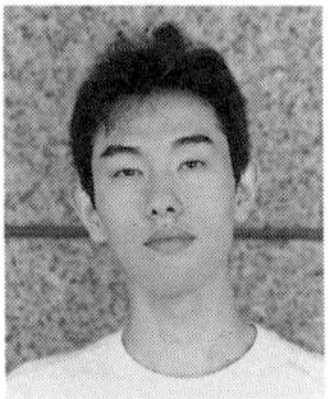

齋藤芳朗《さいとうよしろう》
既卒（二浪）

武田塾札幌校（北海道）
コース：個別管理特訓L（英語・数学）、S（物理）

合格した大学

熊本大学医学部／東北医科薬科大学医学部　他2校（太字が進学先）

略歴

北海道立北海道札幌西高等学校入学

札幌西高に入学した当初はダンス同好会に入り生徒会活動もやっていました。ただしダンス同好会は3か月ほどでやめてしまいました。生徒会活動では、札幌西高は学園祭がす

ごく盛り上がる高校だったのですが、オープニングとエンディングを担当していました。

高校2年より東京都立戸山高等学校へ転校

高校2年のときに転校して卒業した都立戸山高校は、自由な雰囲気の都会的な高校です。生徒の自主性が重んじられる一方で、生徒自身が本当の意味でのルールを自主的に守る校風がありました。

最初に入学した札幌西高の偏差値は71、戸山高校の偏差値は72と聞いています。ただし高校1年時の札幌西高時代はともかく、高校時代はあまり勉強もせず、本格的に受験勉強を始めたのは浪人してからです。

志望大学と受験科目

熊本大学医学部を目指したわけ

熊本大学医学部は伝統校で、研究をしっかりやっていると聞いていました。さらに最近熊本で大きな震災もあったので、災害時の医療が学べると思いました。熊本大学医学部の偏差値は高いのですが、センター試験のボーダーに一番近かったことと、一浪目にも受験したので雰囲気が分かっていたし、過去問もやっていたので、全体を見たときに合格率が一番高いと思いました。

受験科目

数学（ⅠA・ⅡB・Ⅲ）、英語、国語（現代文・古文・漢文）、物理、生物、社会（倫理・政経）

得意科目と苦手科目

得意とか苦手とか、そういう感覚はありません。安定していたのは英語と生物と国語です。社会は伸びしろがありました。一方で嫌いとかではないのですが、出来ないから一番力を入れたのが物理と数学です。

その物理ですが、公式や定理を暗記してもどうにかなるものではありません。根っこにある考え方を分かった上で、公式や定理を使わないといけないのです。それも問題を解きながら定着させなくてはいけないのですが、武田塾に入る前は、問題を解く量が少なかったようです。数学も計算ミスが目立ちました。特に武田塾に入ってからは、物理は雑にならないようにしながら量を解き、数学は失敗の原因をしっかり分析しながら進めるようにしました。

試験ごとの対策

センター試験対策

過去問を３～４年分、できない問題ほどしっかりやりました。

２次試験対策

過去問を２周、３周とやりました。10年分を１回やるより、５年分を２回やった方がいいと思います。

ケアレスミスをなくす方法

計算ミスが多いので、失敗の原因をしっかりと分析してやるようにしたのですが、直前期になるまで良くなりませんでした。解く速さの対策としては、解ける問題から解いていきました。

数学は解く順序をマークして、解けそうな問題からどんどん解いていく加点法です。物理は解けない問題にだけマークを付けて、解ける問題だけを解きました。

武田塾と受験勉強

武田塾との出会いと入塾したわけ

在学中も高校の前でチラシが配られていたので武田塾の存在は知っていました。本格的に受験勉強を始めたのは浪人してからですが、高校時に授業をまともに聞いていなかったので、一浪時は駿台予備校に通って授業中心の勉強でした。

二浪することになって、授業を受けるより演習量を増やす必要性を感じたので武田塾の受験相談を受けました。そのときに「君はどうしたいの？」と僕の思いを引き出してくれて、そのためにやるべきルート（志望校合格のために、どの参考書をどのレベルまでやらなければならないかを明示した表）を提案してもらったことが入塾の動機です。

武田塾と受験勉強

武田塾に入ったことによって演習量が大幅に増え、問題を解くことへの感覚が身に付いたように思います。その結果、物理の点数はすごく上がり、英語と生物についても安定して高得点が取れるようになりました。数学はあまり上がり切らなかったのですが、それでも本番では上手く行きました。

武田塾でおこなわれている毎週の確認テストでは、物理が良くて数学は計算ミスが多かったのですが、それでもほぼ9割の得点を取り続けることができました。

武田塾に入って良かったこと

毎週確認テストがあるので、確認テストを目標に勉強を進めることができるし、自分がどれぐらいできるようになったのか知る目安になりました。そのための学習も、武田塾が推奨する4日進んで2日復習という1週間単位の勉強方法が効果的でした。それまでは復習日を取っていなかったので、2回、3回と復習する時間を設けることで、自分のペースで勉強ができるようになったと思います。

武田塾の校舎長さんがよく話を聞いてくれて、一切押し付けることなどせずに、提案するように話しかけてくれるので素直に話が聞けました。ほかの講師の先生たちも、特に物理が一番できなかったのですが、詳しく説明してくれたので、自分でも説明できるようになりました。

私の勉強法

主な勉強場所は自宅のリビングです。家族の目があってさぼりにくくするためにリビングに机を持ち出して勉強していました。毎日午前8時過ぎに起きて、9時前から家で自習です。武田塾の特訓の日は自習室を使うこともありましたが、基本は自宅のリビングでした。受験直前期になっても何ら変わることなく、午前1時には就寝していました。

集中すれば何時間でも勉強ができますが、7月に熱を出し、それでも休まず勉強していたら熱が下がっても頭の回転が戻らず、数ⅡBの『基礎問題精講（旺文社）』の突破テストを4回も失敗しました。そのときは、ひたすら間違った問題をやり直すことによってクリアしました。

私のお薦め参考書、ベスト3

①基礎問題精講（旺文社）

基礎のレベルを本当に分かっているのか確認できます。基礎を固めることができて、ここで使った解法を道具にして、もっと難しい問題にもある程度対応できるようになります。

②良問の風物理頻出（河合出版）

過去問からの出題が多く本番の試験を想像しながら解けることと、突飛な問題が出ないので、小手先の技術ではなく高校の物理がきっちりと理解できているかどうかが分かります。さらに複数の解答を見比べて、「ああそうか」「こっちの方がいい」といったこともできます。

③名問の森物理（河合出版）

『良問の風』より一段階上の、複雑というよりは手のかかる出題の多い参考書です。それでも考えるのが楽しくて、「嫌な問題だ」と思うことなく挑めます。

物理の本質的な理解ができているかを確認してくれる問題も多く、基礎の基礎まで戻って「そもそもこれって、どういう定理だったっけ」と復習させられます。「おまえ、本当に分かっているの?」と、いじめてくるような問題じゃなくて、諭してくれるような問題が多いので優しさを感じます。

勉強する人に寄り添って語り掛けてくれる参考書です。

合格体験記――齋藤芳朗

――すべては、浪人してから始まった

現役のときも弘前大学の医学部は受けたのですが、それまではセンター試験対策や2次試験対策などもろくにやっていなかったので、あまりにも当然のように浪人生活に突入しました。

それ以前の現役時代、高校の門前で武田塾のチラシが配られていて、参考書中心の勉強法についても知っていたのですが、その気になればできると思っていました。

ところが、自分では「やればできるはずだ」という根拠のない自信があるのですが、いざやるとなると上手く行かないのです。やはり自分で思うほど自己管理ができていなかったのでしょう。

それでも浪人1年目は、高校の授業も真面目に聞いていなかったから、参考書をやる前のベースになる勉強が必要だと思って、駿台予備校に入ることにしました。高校での遅れを取り戻そうという狙いがあったのですが、やはり授業から得られる知識には限界があり

ました。

その後二浪目になって武田塾札幌校に入ってから、佐久間校舎長に「授業よりも効率的な講義系の参考書を使えば良かったんだよ」と教えられたのですが、一浪目のときは授業中心の勉強計画を組んでいたので、演習量が致命的なぐらいに足りないという状況に陥っていたようです。

だから一浪したあとにも熊本大学医学部を受験したのですが合格できず、これまた再び当然のように二浪目に突入することとなりました。

――自学自習には札幌の実家が良さそうだ

「浪人して頑張ったのに受からなかった」「やはり授業中心の勉強法には限界がある」「実戦的な演習の数をこなさなければダメだ」「そのためには自分で勉強することがメインになる」

このように考えたときに、環境的には札幌の実家の方がいいはずだ、さらに自己管理にも不安があるから武田塾の話を聞いてみようと訪ねたのが武田塾札幌校でした。

都立戸山高校在学中に武田塾のチラシを受け取っていたので、武田塾がどんな塾なのかは知っていました。だから演習量を重ねるには武田塾しかないと思っていたのです。そのために、東京で武田塾のチラシを受け取って、それから1年以上経ってから札幌の武田塾の受験相談に出向いたことになります。

そのときに前出の武田塾札幌校の佐久間校舎長に対応してもらったのですが、「こうすべきだ」といった言い方をせずに、じっくり話を聞いたうえで「それなら、こうした方がいいんじゃないのかなー」といった風に、僕の主体性や考え方を尊重しつつ提案してくれるような感じでした。

自分のやりたいことやすべきこと、これから毎週の課題（宿題）を決めるときに、しっかりと話し合いながら進められる。ここなら納得のいく形で勉強できると確信を持ちました。

演習量を重ねるには武田塾しかないと思いつつも、「やはり、ここへ来て良かった」と思えたのは佐久間校舎長の受験相談でのお話と、取り組むべきルート（志望校合格のために、どの参考書のどのレベルまでをやらなければならないかを提示した表）を示してもらったからです。

――画期的に変わった勉強法

一浪目の駿台予備校もまったく無駄だったとは言えないのですが、講義だと納得がいかないところが出てきても、先へ先へと進んでしまうので、いったんは分からないところを保留しておくしかありません。でも参考書を使った自学自習ならば、納得がいくところまでやることができます。

また、そこまで時間をかけて勉強したところは一発で頭に入ります。時間をかけて取り組んだ問題は、復習しなくても大丈夫なぐらいに頭に入るのです。

それこそ悩めば悩むほど一気にスッと入って、できるようになりました。そうすると似たような問題が出てきたときなど、「これと同じような演習問題であんな目に遭ったなー」と、すぐに思い浮かんで対応できるようになるのです。

演習問題中心の勉強で、このようにマイペースでやるようになって、俄然効率が上がりました。

一浪目のときの駿台予備校の全国模試では偏差値50にも行かなくて、それだと北海道大学の総合理系に受かるかどうかという程度でした。それが、模試にもよるのですが河合塾模試だと57ぐらい、偏差値が一気に10ぐらいは上がりました。特に武田塾の物理のルートがすごく良かったので効果抜群です。

もともと僕の場合は英語や生物のように、とりあえず教科書を読むことによって中身を理解して、そのあとで問題に取り組むような感じの教科は得意なのですが、数学と物理は、解きながら理解しなければなりません。

だから予備校の一方的な授業では、解きながら理解するということができなかったのですが、演習量を増やしつつマイペースでじっくりと取り組めたことによって、ようやく正しい方法というか、自分が伸びるやり方ができるようになったと思います。

少しずつ解きながら、「この法則は……」「この定理は……」と着実に理解して、どんどん上がっていく感じです。一つひとつの演習問題と格闘しながら勉強することが、数学と物理には必要だったのです。

――武田塾の確認テストで弱点が克服できた

郵 便 は が き

料金受取人払郵便

代々木局承認

6948

差出有効期間
2020年11月9日
まで

1 5 1 8 7 9 0

203

東京都渋谷区千駄ヶ谷 4 - 9 - 7

(株) 幻 冬 舎

書籍編集部宛

1518790203

ご住所 〒

都・道
府・県

フリガナ

お名前

メール

インターネットでも回答を受け付けております
http://www.gentosha.co.jp/e/

裏面のご感想を広告等、書籍の PR に使わせていただく場合がございます。

幻冬舎より、著者に関する新しいお知らせ・小社および関連会社、広告主からのご案内を送付することがあります。不要の場合は右の欄にレ印をご記入ください。

不要 □

本書をお買い上げいただき、誠にありがとうございました。
質問にお答えいただけたら幸いです。

◎ご購入いただいた本のタイトルをご記入ください。

『　　　　　　　　　　　　　　　　　　　　　　　　　　　』

★著者へのメッセージ、または本書のご感想をお書きください。

●本書をお求めになった動機は？

①著者が好きだから　②タイトルにひかれて　③テーマにひかれて
④カバーにひかれて　⑤帯のコピーにひかれて　⑥新聞で見て
⑦インターネットで知って　⑧売れてるから／話題だから
⑨役に立ちそうだから

生年月日	西暦　　年　　月　　日（　　歳）男・女			
ご職業	①学生	②教員・研究職	③公務員	④農林漁業
	⑤専門・技術職	⑥自由業	⑦自営業	⑧会社役員
	⑨会社員	⑩専業主夫・主婦	⑪パート・アルバイト	
	⑫無職	⑬その他（　　　　　　　　）		

このハガキは差出有効期間を過ぎても料金受取人払でお送りいただけます。

ご記入いただきました個人情報については、許可なく他の目的で使用することはありません。ご協力ありがとうございました。

それこそ小学生のときから計算ミスの多さを注意されていました。それを中学でも高校でも、浪人してからも二浪目まで引きずっていた感じです。

今でも不思議なのですが、周りからも注意されるし、自分でも直そうと意識しているのですが、間違うときって何回見直しても間違いに気づかないのです。

ですから1回目に、間違えないように、丁寧に解かなきゃいけないのですが、僕の場合は途中からどんどんヒートアップしていくというか、加速して行くのです。例えば物理の原子分野なども計算が多いのですが、特に小数点以下の計算などが一杯あると、ここでも計算ミスを繰り返してしまいます。

そのような状況が続いていたのですが、武田塾に入って一番良かったのが毎週の確認テストです。

一浪目のときには自分で習熟度というか、完成度を確認するための演習問題を選んでやらなければならなかったのですが、武田塾だと1週間の課題の達成度を確認するための適切な問題を選んで、テストしてくれるのです。

達成度をチェックしてくれて、さらに講師の方たちも各科目をちゃんと分かっている人たちだったので、僕ができなきゃいけないところをちゃんと確認テストで出してくれるのです。

定着率が得点という数字で出てきますから、今どのぐらいできているのかが分かりやすく、さらには間違えた問題をガッツリと復習することで、テキストの習得レベルもどんどん上がっていきました。

――焦らなければ点数が取れる

プロフィールの得意科目不得意科目のところで紹介してもらったように、好き嫌いという意味での得意科目とか苦手科目とかといった感覚はありません。それでも苦手意識はないのですが、出来なかったのは物理です。これはある意味数学も同じで、ともかく計算ミスが多かったのです。

僕の場合のケアレスミスの原因は、筆が走ってしまうということです。解答を書いているうちに、「もっと行ける」「もっと行ける」と、頭も手もお互いに影響しあって、どんどん加速してしまうのです。

ある確認テストのときに、手首と肘が痺れてしまって、上手く解答が書けなかったことがありました。ところがそのときの点数がすごく良かったのです。いつもと違って、計算ミスなどほとんどなかったのです。

そのときに、「そうかー！　焦らなければミスしない」「ある程度、のんびり解いても全然いける」と実感することができました。それまでだって焦っているという感じはしていなかったのですが、勝手にどんどん速くなっていくということは、心の片隅で焦っていたのだと思います。

このようなケアレスミスは、センター試験対策のときにも顕著でした。「焦らなければミスしない」「のんびり解いても全然いける」と自分に言い聞かせていても、どこかでやらかしてしまいます。

それでもセンター試験直前期には、そこそこ良くなったのですが、結局本番では「またやってしまったー」という感じで、数学ⅡBが75点ぐらいでした。やはり最後まで、マーク系の数学などは得意にはなりませんでした。

――記述式の方がどっしり構えて解けるのですが

模試の記述式でも、それほどの高得点は取れなかったのですが、一番落ち着いて、どっしり構えて解けるのが、大本命の熊本大学の過去問とその出題形式だったのです。

僕にとっては、考える時間をくれる出題というのが性に合っていました。やはり自分で試行錯誤しながら解いていく方が、筆が走ることもなく、焦らずにじっくり考えることができるのです。

その数学の勉強法についてですが、お薦めの参考書として紹介した『基礎問題精講（旺文社）』の数ⅠA、数ⅡB、数Ⅲを使った学習がベースになります。本当にできなければならないことが、それほど詳しくは書かれていないのですが、きっちりとまとまっている参考書です。

問題数も多すぎず、少なすぎず、取り組みやすい出題です。これを一つひとつ身に付けて、どうしてそういう風に解くのかまで理解して、公式みたいに一連の解法自体を道具として使えるようになれば、もっと上の問題が初見で出ても十分対応できるような技術というか、学力が付くと思います。

やっぱり使う武器の構造を知ることが大切です。その武器がどうやってできているのか、どこがどのように使えるのかを理解した方が、器用に使えるということです。難しい問題を、基礎という名前の付いた問題集の知識、技術で相手にしていくのがすごく面白いのです。

――過去問は10年分を1回より5年分を2回やる

センター試験対策としては河合出版の黒い過去問集、『大学入試センター試験過去問レビュー』をきっちりとやっていました。あの黒い表紙は印象的なので絶対に忘れないと思います。

2次試験対策としては、熊本大学医学部の過去問を2周、3周したのですが、「10年分を1回やるより5年分を2回やった方がいい」と教えられたので、直近の問題を中心に解いていました。

出題傾向も、最近のものの方が似ていると思います。それでなくても1回しか解かないと、その問題に対しての理解度が浅くなってしまいます。問題なく出来ればいいのですが、出来ない問題があるはずです。

それを繰り返し解いて理解するには、10年分を1回よりも5年分を2回の方がいいはずなのです。

実は7月に熱を出して、それでも休まず勉強していたのですが、熱が下がったあとも頭の回転が戻らなくて、数ⅡBの『基礎問題精講』の段階突破テストを4回も続けて失敗したことがあります。「あっ、まずいな」「ほんとーに、まずいな」と思うのですが、失敗回数が嵩んでいきました。

もう熱は下がって、治っているはずなのに、なぜか数学をやるとしくじるのです。もう治って、完全に症状も何もないのに、頭の回転がいつもより一段遅いのです。集中力が集中具合の深さでいうと「一段浅いなー」と感じていました。

そんなスランプを乗り越えたのは、ただひたすら間違った問題を解き続けたことと、焦らなかったことです。最悪、丸1年間を『基礎問題精講』に費やしてもいいぐらいに思っていました。武田塾のルートでは『基礎問題精講』のあとに『国公立標準問題集CanPass（駿台文庫）』をやるのですが、僕にとってこれはボーナスステージのようなものと考えていました。『CanPass』をやるのは、おまけみたいな感覚で、場数を踏むためにはやった方がいいだろうという感じでした。

病み上がりとはいえ幾度もミスをして、それも連続だったのでショックも大きかったのですが、最後は居直るというか、落ち込んでいてもろくなことにならないと思って、何とか踏み止まることができました。結局は、やり続けるしか窮地を突破する方法はないように思います。

――勉強に集中できる場所を作る

やり続けるしか窮地を突破できないなどとカッコよく書いたのですが、僕は先にも書いたように、高校時代はろくに勉強をしていなかったので、浪人してもなかなか勉強する習慣そのものが定着していませんでした。

それでも一浪目には何とか勉強する習慣も付いたのですが、すでに二浪目です。やる気を1年以上維持するって本当に大変なのです。気を抜いたらサボりだしかねないと自分でも分かっていました。そのためには環境から作った方がいいと思って、さぼれないような環境を一つひとつ積み重ねていきました。

札幌に戻り、自学自習を管理してくれる武田塾に入塾したのもその一つです。さらに勉強する場所は家族の目につく自宅のリビングと決めて、机を持ち込みました。

僕は勉強を始めてしまえば一気に軌道に乗るのですが、そこへ行くまでが大変なのです。朝起きてノンビリしてしまうと、いつまで経ってもエンジンがかからないのです。だから机をリビングに置いて、とりあえず机の前に座るようにしました。

いかに短時間で、机に向かうかが一番の課題だったのです。

幸か不幸か、塾へ行くのは自転車なので隙間時間の利用ができません。バスや地下鉄を利用しても、そういうところで参考書を読むと僕は酔ってしまうので、結局は移動しない自宅での勉強が中心になります。武田塾の自習室は1回も利用したことがありません。頑張って、移動しないで家で集中できる環境を作る方が最終的に使える時間は大きいと思ったのです。

だから毎朝8時過ぎに起きて9時前から家で自習です。夜はだいたい11時に寝ます。長く寝ないとダメだったので9時間睡眠が基本ですが、問題を解いていて、納得のいかないところでは終わりたくなかったので、遅くなることもありました。

——熊本大学医学部に的を絞ったわけ

一浪目のセンター試験は75%ぐらいの出来でした。前々から全国の医学部を調べていたのですが、改めてこれでも可能性のあるところはどこかと調べたら、熊本大学医学部がセンター試験対2次試験の点数配分で400と800の1対2だったのです。だったら、ここならば2次試験で逆転が可能だと考えて受けたのです。さらに面接試験がどのようなものか受けてみないと分からなかったのですが、実際に受けてみたら満点でした。

一浪目に一番の不安定要素の面接でちゃんとした点が取れたことと、結果的には不合格だったものの、2次試験の問題の相性も悪くなかったように思えました。

その後、熊本大学医学部をさらに調べたときにも、すごく長い伝統があって、研究にも力を入れていることが分かりました。僕は、今現在は臨床志望なのですが、これから勉強していくにつれて志望が変わるかもしれません。そのときにも、しっかりと研究できるという選択肢があることも熊本大学医学部に注目した理由です。

災害や地域医療を勉強するとしたら、熊本には阿蘇の山々や離島などもあります。さらに大震災のときに災害の現場で動いていた人たちが今もいます。そういうところで勉強できるのです。

僕は将来、医療を受けづらい地域や災害現場で働きたいと考えていました。都会などアクセスのいいところならば普通に受けられる医療も場所が変われば受けられないことがあります。そういうところで総合医療に関わるのもいいし、災害医療というのでしょうか、一番医療を受けづらい状況の下で役立つ仕事に関わりたいとも思っています。すごく難しいことができるというプラス部分を目指すよりは、上手くいかないところを引き上げることをやりたいのです。

そのような僕にとって、熊本大学医学部は試験の相性も良さそうだし、初めて熊本に足を踏み入れたのは一浪したあとの受験のときだったのですが、何から何まで僕の希望するものが揃っているように思えました。

――受験間近、そして面接のこと

受験日が近づくにつれ、ライフスタイルも受験当日のスタート時間に合わせるように調整しました。と言っても試験開始が朝の9時ですから、いつもとほとんど変わりません。

二浪目になってからは、模試の成績も上がり続けていました。ここまで来れば、よほどのミスをしなければ合格できるのではないかと思っていました。だから今さら特別なことをしない、今までやってきたことをしっかりと固め直すことに集中しました。

あとは体調を崩さないことです。僕はいつも長風呂なものですから、気が付いたら結構な時間になっていることもありました。そんなときは「あっ、マズイ。R－1飲まなきゃ」って感じです。風邪とかインフルエンザで今までやってきたことを台無しにされるのは本当にたまらなかったので、インフルエンザの予防接種もやりました。加湿器もちゃんと使っていました。

本番の試験では、「取らなきゃいけないところを取る」というのが僕の1年間の目標だったので、その成果も表れたと思います。それと焦ってケアレスミスをやらないことですが、この二つのことを肝に銘じながら臨みました。そして面接試験です。これは満点でした。

大学によっても面接の位置付けが異なるのですが、医学部の志望理由や、どのような医者になりたいかが聞かれます。ですから受験生は前もって紙に書くなどしてまとめておくのですが、それだけでは話の柔軟性が消えてしまいます。やはり最後は、自分の言葉でスムーズに話して、受け答えがしっかりしていると思ってもらうことが大切です。

何かを意識して小手先で話しても、熟練した面接官はすべてお見通しです。やはりそこは腹を据えて、きちんと自分の言葉で話した方がいいのではないでしょうか。

――これから医学部受験を目指すみなさんへ

二浪して合格した熊本大学医学部です。やっと終わったという気持ちと、やっと始まるという気持ちが交差しています。高校時代に勉強らしい勉強もしなかったために、2年遅れでのスタートです。

現役で受かる人も多いので、やはり2年遅れているという意識はあります。飛び級なんてできないので、医者としての現役期間を2年延ばすか、これからの精進で追いつくしかありません。ですから、ホッとしたという気分はあったのですが、別に有頂天になるほどでもありません。

最近、体調にも気を付けています。やっと目指していたものが始まったのですから、あとあとつけが回ってこないようにしています。それというのも熊本に来て、ちゃんと勉強しなきゃいけないのですが、一人暮らしの準備や慣れない日常の家事もあります。最近になって、ようやくその辺の兼ね合いをつかんできたところです。

最後に、これから国公立大学の医学部を目指している方たちへのメッセージです。

まず問題集ですが、最初はあまり難しいのに手を付けない方がいいと思います。自分でも「これはもう分かっているけど、一応再確認しておいた方がいいかもね」といったところから始めた方がいいですね。勉強の上滑りは、本当に時間の無駄使いです。

医学部を目指すからといって、「医学のことも勉強しておかなくっちゃ」なんて人はいません。普通に入学試験に向けた勉強をやるだけです。医者の人格といった話もあり、もちろん面接で本当にまずい人は落とされるのでしょうが、あくまで学力ありきの話ですから、やるべきことに黙々と取り組むしかありません。

ぜひ頑張って、医者への道の第一歩を踏み出してください。

担当教務より

教務担当：佐久間史祐（札幌校校舎長）

志望校選択へのアドバイス

二浪目で武田塾に入ったのですが、大学のブランドへのこだわりはないものの、これ以上の浪人生活は難しいので、今回は必ず合格したいという強い思いが感じられました。ですから春の時点では志望校を狭めず、地力を上げて合格しそうな大学を目指すことにしました。

生徒の性格、勉強法の問題点

真面目な性格です。受験についての知識も豊富でした。難易度の高い問題も数多くこなしていたのですが、ミスが多く、得点にはムラがありました。

受験勉強指導の重点ポイント

ケアレスミスといった凡ミスというよりは、分かっているのに出来ないことが数多く見受けられたので、基本に立ち戻って基礎レベル（日大レベル）の参考書から、いつでも１００点が取れるように指導しました。

途中経過と指導法の改善点

当初は基礎からの学習にあまりいい気はしなかったようです。それでも朝飯前と思っていた日大レベルの問題で１００点を取れない現実を受け入れてくれました。そのあとは基礎レベルの学習を積み上げて、ミスを減らすことに成功しました。

生徒の変化と指導上の留意点

人から何を言われようと、自分の納得することにしか真剣になれないタイプです。だから基礎レベルが確実でないことを確認テストで認識したあとは順調に学習が進みました。浪人経験がある医学部医学科の担当講師とも上手くマッチングしたので、医学部に合格するためにはこのくらいのレベルが必要と肌で感じてもらうようにしました。その結果、自分の弱点と目標のレベルを認識したあとは、成績も安定してきました。ただしネックであるケアレスミスは減少したものの克服しきれなかったので、限りなくゼロを目指すことも目標としました。

受験直前期対策と合格のための選択

受験校を絞ったのちは、過去問を使った対策等を徹底しました。点数はもちろん、メンタル面でも余裕をもった状態で試験に臨めるように指導しました。

これからの大学生活に期待すること

オールラウンダーよりはマニアックで尖った才能を生かした医師になってほしいと思っています。

合格体験記 4

駿台予備校から武田塾に移り、千葉大学医学部合格

※本体験記は『E判定からの逆転合格にはわけがある!』(2019年)からの再録です

佐《さ》藤《とう》翔《しよう》大《た》
既卒(2浪)

武田塾新越谷校　コース:宿題確認特訓L(国語・数学・化学・倫理・政経)

合格した大学

千葉大学医学部医学科

略歴

東京都立国分寺高等学校(高2から理系コース)

校風は自由と自立。偏差値67。医学部合格者はほとんどいない。

バレーボール部

他にも文化祭の実行委員など（結構目立ちたがり屋だったのかもしれない）。

志望大学と受験科目

志望校を選んだ理由

雰囲気の良さ、家からの距離の近さ、私大の医学部に比べると学費が10分の1程度だから。

合格した大学の受験科目と受験勉強

受験科目：英語・数学ⅠA・ⅡB・Ⅲ・物理・化学、面接（センター試験：英語・国語・数学・化学・物理・公民〈倫理・政経〉）

受験勉強：本格的に受験勉強を始めたのは、高校3年の10月から。

得意科目と苦手科目

得意科目：物理／物理現象の本質が分かったときの嬉しさが尋常ではない。

苦手科目：現代文／やってもなかなか得点につながらない。

武田塾と受験勉強

入塾した理由

１浪後の受験の失敗を振り返ったときに、演習量の圧倒的な不足を感じた。それまで通っていた駿台予備校で知識の吸収はしたと思っていたので、無駄な授業をやらずにアウトプットを重点的に指導してくれる武田塾の方針が自分の考えとピッタリ合っていると思った。他の予備校と比べた場合の費用の安さもあり、受験相談を受けて入塾を決めた。

入塾して良かったこと

勉強の計画を立て、同じ参考書を何度も演習して一冊を極めるようになった。校舎長も生徒の意見を尊重してくれて、さまざまな相談にも乗ってくれて、自分に合った勉強法で好きな時間だけ勉強できるように配慮してくれた。

武田塾の日々

毎週の確認テストでは、大体95％以上を取っていた。現代文にかなりの時間を割いて、武田塾のルートに従って記述式の現代文の参考書を一冊完璧に終わらせるのと同時に、漢字や現代文頻出単語などを暗記した。次にセンター試験に即したマーク式の問題集で解き方を体得して次々と演習。直前期にはセンター試験の現代文の形式に慣れるために、過去問や予想問題集を解き続けた。

成績の変化

受験直前期になってようやくC判定とかD判定とかになったが、ほとんどはE判定だった。

私の勉強法

学習計画：一冊の参考書を完璧に仕上げるように努力した。青チャートには積極的に書き込みをして自分のオリジナルに仕上げた。

受験準備期間：数学4時間、物理1時間、化学2時間、現代文2時間、古典2時間、倫

理・政経1時間（以上を順に朝から）。睡眠は6～7時間。これを毎週、確認テスト実施日を除く6日間続けた。

受験直前期：数学6時間、物理3時間、化学3時間（これも朝から順番に）。

※余計なことをする傾向にあるので、何が必要かを考えて、優先度の高いものから取り組んだ。

体調管理とスランプ脱出法：外部との余計な接触を避け、外出時はマスクを忘れず、手洗いやうがいも欠かさない。食事は毎回欠かさず、睡眠時間も確保して身体的なケアを行った。ときどき早歩きの散歩に出るなどリフレッシュして精神的なケアも行った。

私のお薦め参考書、ベスト3

①青チャートシリーズ（数研出版）

解法の多さ、解答の質の良さともに優れているので、基本例題や発展例題は全部やった。

②やさしい理系数学（河合出版）

解法をひととおりマスターしたあとのアウトプットの教材として最適。別解の豊富さ、解法のシンプルさはピカイチだが、省略が多いので初学者には厳しい。要点だけを解説しているので、数式の行間を自分で考えさせてくれる。

③新・物理入門（駿台文庫）

物理の本質を理解するのに最適な参考書。例えば熱力学における断熱変化のとき、pV^{γ}=const. である理由などが分かる。公式の深い現象理解というか、公式の裏に隠された物理現象の本質を教えてくれる。だから物理の公式の根拠などが分かる。

合格体験記――**佐藤翔大**

――医学部へ進む生徒など稀な高校だったのですが

以前から、本を読んだりいろいろな人の話を聞いて、人のためになるような仕事をしたい、人の役に立ちたいと思っていました。さらに高校時代に、哲学や倫理学などに興味を持ちました。そういう学問は人の本質とか人の心、精神などに関連しています。だから最初は、人の役に立ちたいという思いと重なって、臨床心理士や精神科医になりたいと思いました。

一方で負けず嫌いな面もあり、人とは違っていたい、目立ちたいという思いも多分にあって、それがきっかけで、医者という仕事がいいと思うようになっていったのでしょう。

僕の通っていた国分寺高校では、1年次は文理共通ですが、2年次から理系と文系に分かれます。その時点で将来進むべき方向を決めることになります。だから漠然とですが、医学部を目指そうと決意したのは高校2年になったときだといえます。

――先々のことも考えざるを得ない医学部の受験生

僕がそうだったように、医学部志望の人たちは長期的スパンで将来を考えていると思います。国公立大の医学部と私大の医学部では、授業料は10倍程度も違ってきます。

自治医科大学は自治省（現総務省）が設置したので、公設の私立大学のようなものです。在学中の授業料は奨学金として貸与され、卒業後9年間、指定された公立病院等で働くことで返済が免除されます。それは防衛省所管の防衛医科大学校も同じです。

実質的に負担すべき授業料は国公立大学並みに安いのですが、9年間のお礼奉公のような僻地への勤務が義務付けられているようなものです。さらにいうまでもなく、私学ならば奨学金を借りて補塡するにしても、膨大な額の授業料がかかります。

このような事情から、医学部を目指す生徒の大多数は、親が超金持ちのお医者さんでもない限り、他の学部を目指す受験生よりも、思い描く未来のスケールが長期間になると思います。

――僕には、地元の国立大学の医学部しか選択肢がない

うちは息子のやりたいようにやらせてくれる、自由放任主義的な家庭です。1浪のときに通った駿台予備校や2浪のときの武田塾の費用も黙って出してくれました。それでも我が家の経済事情は聞かなくても分かります。できることはやってもらいましたが、できないことも明白です。

そんな僕に残された唯一ともいえる志望校の千葉大学医学部は現役時や1浪してからの受験では、ともに後期試験では足切りの対象でした。前期試験の一次試験はパス、センター試験も83%と84%でしたので、他の学部や地方の大学ならば行けたようにも思います。それでも一人暮らしにかかる費用などを考えると、断念せざるを得ません。

自宅から通える国立大学の医学部しか選択肢が残されていない。それが僕の置かれた状況でした。だからおのずと志望校は筑波大学医学部か千葉大学医学部に絞り込まれます。

しかし模試における千葉大学医学部の判定は、現役時はもちろん、1浪のときもE判定でした。

――1浪後の受験にも失敗して武田塾の受験相談へ

1浪のときには駿台予備校に通っていました。さらに毎日12時間程度の勉強を続けたのですが、模試のE判定は変わらず、千葉大学医学部の後期試験では足切りの対象です。

何が欠けているのだろう？　知識の吸収ということでは、駿台予備校の授業で十分なはずです。ではどうしたら良いかと考えていたときに、電車のドアのところに貼られていた武田塾の広告ステッカーが目に入りました。

僕は演習時間が圧倒的に足りなかったことを反省していました。知識を正確にアウトプットするための訓練、より洗練された解法を導き出す訓練が必要だと実感していたのです。広告ステッカーに書かれていた武田塾における勉強面のポリシーは、まさに僕が直面している課題の突破口を指し示していました。

さらに受験相談を受ける前は、自習室を借りる程度でいいかなと思っていたのですが、自分の勉強に対する不安からあれこれと目移りする僕の性癖を考えると、それだけでは不十分です。

千葉大学医学部合格までの明確なルートを示してもらうだけでなく、毎週の勉強範囲を指定してくれて、1週間後の確認テストで到達点を確認する方式に惹かれ、迷うことなく、武田塾への入塾を申し込みました。

——2浪目の苦闘と武田塾の勉強法

僕の最大の敵は、弱き自分自身でした。不安から、あれこれと別の参考書に目移りすることが幾度もありました。他人の解いている参考書が気になって、今やっている参考書を途中で投げ出して、新しい参考書に乗り換えてしまいたくなることもありました。

たぶん、僕は影響を受けやすいのでしょう。だから勉強でも結構考え込むほうです。駿台予備校だと次々と授業があって、考える余裕がほとんどなくなります。ちょっと引っかかって考え込んでいると、授業は先へ先へと進んでいって置いていかれます。授業に追いつこうとすると、疑問点については中途半端なままです。

一回一回の授業でうまく消化している人もいますが、僕には不可能です。残念ながら僕はそのようなタイプでもなければ、それだけの優秀な頭脳も持ち合わせていません。

しかし武田塾では、千葉大学医学部合格までの明確なルートが指し示されています。毎週、参考書の中の指定された部分を完璧にして、アウトプットの練習ともいえる1週間後の確認テストで満点を目指せばいいだけです。

武田塾に入って以降、勉強計画の中で、演習に費やす時間がドーンと増えました。同じ参考書の中の、毎週決められた部分を何周も勉強して、演習問題を幾度も解いて、最終的には一冊を完璧なまでに極めればいいだけです。

それでも、センター試験を含めると膨大な科目数に取り組まなければならない千葉大学医学部の受験です。最終的には50冊近い参考書をやり尽くしたと思います。

――受験科目の多さと勉強時間の配分

受験勉強には、時間的な制約もあります。考えることも大切ですが、区切りをつけることも大切です。受験科目の多い医学部受験では、ある程度は割り切り、学習計画を優先させることも大切です。武田塾に入ってから、志望校合格を射程に入れた学習計画の大切さも学びました。

指導してくれたのは校舎長です。勉強計画と勉強スタイルについては、幾度も調整を繰り返しながら、無理と無駄がないように指導してくれました。

その主な方法は、1日のタイムスケジュールを円グラフに描き、扇形に区切って数学とか英語などといった勉強内容を書き込むというものです。確認テストで明らかになった到達点を参考に、新たな課題に合った勉強時間へと微調整を繰り返すのです。

——四苦八苦させられた現代文

僕は、少し思い込みが強過ぎるところがあるのかも知れません。そのために、現代文の解釈については苦労しました。

記述についてはそれほど問題にはならないのですが、センター試験のようなマーク式の場合など、選択肢を比べてみても、それぞれの違いがハッキリと区別できないのです。全部合っているようにも思えるし、全部外れているようにも思えます。

これは僕が心配性だからかも知れません。もっとも、このような神経質と思われそうなところも、自分では謙虚な考え方をする性格だと、いいように解釈しています。

境界線が定かではない選択肢だと、間違ったほうを選択してしまいます。制限された時間内に答えなければならないセンター試験は、テクニック的な要素もあるように思います。

一方で得意科目ともいえる物理は、事象や現象の仕組みなどが分かって感動の連続です。起こっていることを数学的に処理して、数式どおりの結果が出ることが面白いのです。数学とは違う面白さが物理にはあるように思います。

このように得手不得手のある受験科目ですが、僕は毎日の勉強の順序を決めていました。数学→物理→化学→現代文→古典→倫理・政経の順です。朝起きてから頭が働くうちに〝考える系〟、頭が疲れてきたら〝覚える系〟です。

勉強の区切りには校舎長や友だちと話し込んだり、早足で散歩をしたりしていました。

――医学部受験に欠かせないケアレスミスとの決別

医学部の受験は完成度の高さと高得点が求められます。特に難問が出るわけではないので、ケアレスミスが命取りになります。

そのケアレスミスとはたいていの場合、自分の癖になっている失敗が多いようです。例えば、読み間違いです。そのような癖が付いている場合が多いのです。

物理や化学ならば単位を間違えるようなケアレスミスです。このような癖をなくす方法は、意識するしかありません。僕の場合は問題集の端に「単位に気をつけろ」などと書き込んでいました。

自分の癖を直すには、意識すること以外に方法はありません。緊張したときには、癖が顔を出します。「本番のときに注意すればいいんだ」と思っている人は、本番でも癖が出てしまいます。

本番では、詰めの甘さに注意するのは当然ですが、常日頃から自分の犯しやすい失敗や癖に注意を払う姿勢が、特に医学部受験を考えている人には欠かせないと思います。

ケアレスミスが最大の命取りだと気付かない限り、直るわけがありません。僕の場合も、ケアレスミスを克服したから千葉大学医学部に受かったといえます。

――受験が近づくと、不安に襲われ目移りしてしまう

武田塾に入って、指し示されたルートに従い、毎週の課題に集中して勉強してきたのですが、受験が近づくと不安になってきます。今まで完璧にやったかと自問自答して、自信がないというか、完璧といえるほどじゃないなと思い始めます。

現役や1浪時代の模試はE判定ばかりで、武田塾に入ってようやくD判定です。頑張ってきたけれど合格圏に入っていない、合格は無理なんじゃないか。

僕はすでに2浪しています。また落ちたらどうしようと考えると、勉強も手に付かなくなります。今までやってきた参考書だけでは不足しているのではないかと、新たな参考書に手を出したくなります。

校舎長からは、今までやってきた参考書と過去問だけに取り組むようにと、言われ続けていました。確かに原点に立ち返るというか、今までやってきたことを確実に身に付けることが大切でした。

あまり自信満々に過信するのも良くないのですが、ここまではできる、ここまでは理解していると自分に言い聞かせることによって、受験直前期の不安を軽減するようにしました。

――喜びよりも、ホッとしたという気分です

2年間に及ぶ浪人生活です。それも国立大学の医学部以外に選択肢のない受験です。両親も嬉しかったと思いますが、大げさに喜ぶようなタイプではないので、「良かったね」「やっと終わったね」「よく頑張ったね」といった感じです。でも内心では、大喜びしてく

れているのが表情で分かりました。

先に放任主義的な両親だと書きました。ですが、息子の負担にならないように、無関心を装いながら、陰ながら支え続けてくれた両親です。

僕の2年間にもわたる浪人生活では、当の本人よりも両親のほうが不安だったと思います。


大学生になった今、周りの同級生に効率のいい勉強法を聞きまくっています。

僕と違って、現役や1浪で合格した人たちは、頭の回転の速い、凄い人たちばかりなのです。たぶん効率のいい勉強法を身に付けているからこそ、現役や1浪で合格できたのでしょう。僕は効率のいい勉強法ではなかったから、2浪もしてしまったように思います。

それでも2浪目に武田塾に入ったから合格できたのです。

やはり無駄のない勉強法は大切です。授業を聞くだけで身に付く秀才もいますが、僕の場合は演習の量が必要でした。

みなさんが自分に合った勉強法を身に付け、2浪などせずに志望校に受かることを祈っています。

担当教務より

志望校選択へのアドバイス

私立の医学部は学費面で厳しく、最初から千葉大学医学部1本で行くと決めていました。すでに2浪目であとがない状況だったので、千葉大学医学部がダメなら後期は岐阜薬科大学を受けることも考えていたようですが、「前期を受ける前から落ちることは考えない方がいい」と言いました。

生徒の性格、勉強法の問題点

理屈っぽい性格で、現代文の読み方と解釈がかなり独特で苦労しました。国語と数学が苦手で、さらに暗記も苦手、復習のタイミングなどに問題があったと思います。それでも勉強法のアドバイスなどはしっかりと聞いて実践する素直な性格も備えていました。休憩中などは武田塾で知り合った浪人生仲間で盛り上がっていました。

受験指導の重点ポイント

本来理系であれば、国語や社会の科目は二次試験で使う科目がある程度固まってからスタートします。それでも千葉大学医学部は、比較的センター試験の配点が高いので、国語や社会についても入塾してすぐに始めました。特に解釈に難のあった現代文は講師が一緒に読むなどの工夫をして解釈の違いを克服しました。メインの理系科目は千葉大学の過去問を中心に、基礎事項の整理や苦手分野（数学の確率など）を洗い出し、ひたすら同じ問題を解き直しました。

途中経過と指導法の改善点

各科目に費やす時間の調整が中心でした。学習すべき課題ごとに、かける時間やスケジュールを変え、いつまでにどの参考書を終わらせるべきかの相談をしました。

生徒の変化と指導上の留意点

現代文の読解力を養成することで、問題文や設問を読む力が向上したと思います。

英語、数学、物理、化学は、記述式問題を中心に取り組み、文章で正確に、きちんとアウトプットする練習を繰り返したので、いつの間にか千葉大学医学部に合格できる水準に達していました。

受験直前期対策と合格のための選択

試験が近づくにつれて焦り、参考書を追加するなど、暴走する可能性がありました。だから12月以降は新しい参考書や初見の過去問を解くのは禁止しました。12月以降に新しい参考書をやっても不安になるだけで、一冊が完璧にならない可能性が高いからです。今までやってきた参考書と過去問の解き直しをすることにより、抜けの確認と自信を付けさせることに重点を置きました。

これからの大学生活に期待すること

好奇心旺盛な性格なので、自由度が高い大学でしかできない新しいことをやってほしいと願っています。

合格体験記
5

E判定でも大阪大学のみを受験して現役合格

※本体験記は『E判定からの逆転合格にはわけがある!』(2019年)からの再録です

小林《こばやし》実《み》夢《ゆ》
現役合格

武田塾枚方校 コース:宿題確認特訓L(英語・国語・数学・化学・物理)

合格した大学

大阪大学医学部保健学科看護学専攻

略歴

大阪府立大手前高等学校(普通科)

偏差値は68~70ぐらい。真面目だけど変な人が多い高校。

軽音楽部

アコースティックギターを弾いていたが、あまり真剣にやっていなかった。

志望大学と受験科目

志望校を選んだ理由

単純に大阪大学に行きたいと思ったから。苦手な数学と仲良くなりたいと理系を考え、さらには幼いころから興味のあった看護のことを学ぶ看護学専攻なら、数学がⅠA・ⅡBだけで受験できるので選んだ。

受験科目と受験勉強

受験科目：英語、数学ⅠA・ⅡB、化学

受験勉強：高校3年になって周りにつられて勉強を始めたが手応えもなく、9月に武田塾に入塾してようやく受験勉強らしい勉強が始まった。

得意科目と苦手科目

得意科目：特にない。

苦手科目：数学／嫌いではないが考え方が分からなかった。高3の9月に数Ⅰからやり直した。

武田塾と受験勉強

入塾した理由

最初は友だちから武田塾のことを聞いて、飛び込みで受験相談を受けた。もともと騙されやすい性格だが、すべての話が信頼できる内容で、合理的で説得力があると思った。すでに9月に入っていてあとがない状況だったので、即座に体験入塾して2週間後に正式に入塾した。

入塾して良かったこと

入塾前も取りあえず参考書を使った勉強はしていたが、無駄な努力が多かった。武田塾に入ってからは、無駄を省いた勉強課題が示されるので合理的な勉強ができるようになった。さらに勉強（自習）しやすい環境が得られたことも大きい。

武田塾の日々

何も迷わず、志望校合格までのルートに従って毎週出される宿題を着実にこなすことに専念するだけでよくなった。毎週行われる確認テストで合格点が取れるように必死で頑張るうちに自習する習慣も付いた。

私の勉強法

学習計画：武田塾が示してくれたルートどおりにやれば必ず合格できると信じて、毎週与えられた宿題をやり続けた。無駄のない勉強法なので、大学での勉強も見てもらいたいぐらいだ。

受験準備期間：平日は授業が終わると武田塾へ行って自習室が閉まる10時まで勉強した。夕食は買ってきたおにぎりを食べていた。通学のバスの中で英単語と英熟語をやった。

受験直前期：朝7時ごろに起床、朝食、自宅で勉強、昼食、武田塾の自習室で勉強、お腹が空いたらいったん帰宅して夕食、再び武田塾の自習室で勉強、帰宅したら12時までには寝る。気分転換に出掛けることもあったし、眠くなれば我慢せずに寝ていた。

体調管理とスランプ脱出法：受験勉強を始めたのが遅く、毎週武田塾から提示される宿題をやれば合格できると信じてやり続けていたので、成績が伸びないなどと悩むこともなかった。

受験直前には、どうせ無理だろうけれど9月から頑張ったのだから、終わってから後悔すればいいと割り切った。2月25日の二次試験まではやり切る、それまでは立ち止まらないと決めて頑張った。

私のお薦め参考書、ベスト3

①システム英単語（駿台文庫）

全部覚えると、改めてありがたみが分かる単語帳だ。

②数学Ⅰ・A基礎問題精講、数学Ⅱ・B基礎問題精講（ともに旺文社）

さんざん泣かされたが、やればやるほど自信が付いた。

③ポレポレ英文読解プロセス50（代々木ライブラリー）

ポレポレとはスワヒリ語でゆっくりという意味らしい。単純にその名前が気に入ったから好きになったが、役に立つ一冊だと思う。

合格体験記——小林実夢

——不安でいっぱいだった大学受験

高校時代の成績は学年でも下の下の部類です。特に高1や高2のころは360人中320位ぐらいを彷徨っていました。もちろん勉強もあまりやっていません。

そんな私が大学受験です。学校で模試を受けたのですが、志望校を大阪大学と書いて出したらE判定でした。当たり前ですよね。

それまでの受験勉強は、取りあえず参考書に目を通し、演習問題を解いて、「まー、こんなんでええんちゃう」って感じでした。

8月になって、このままじゃヤバイと思い、家の近くに武田塾の枚方校があるのを知って受験相談を申し込みました。そのあと、どのようなところかと教室を覗いてみたくなりました。

武田塾のあるビルへ行ってエレベーターに乗り、その階に止まったら、目の前が教室でした。先生らしき人に不思議そうに見られたので、「さっき受験相談を申し込んだので、また来ま～す」とだけ言って逃げ帰りました。そのあと武田塾に入ることになるのですが、すでに9月です。

我が家は3人きょうだいで、いつも騒がしい妹がいます。武田塾に入って一番良かったことは、自習室という勉強のための静かな環境を得られたことと自習の習慣ができたことです。

それと合わせて、校舎長や担当講師の方たちがすごくフレンドリーで、学校の先生でも家族でも友だちでもない貴重な存在が得られたことです。

私から相談を持ち掛ける前に気付いてくれます。私以上に私の学力の到達点を知っていて、今何をやるべきかの指示をしてくれるので、すべて任せて付いていけばいいのです。

――浪人生を羨ましく思うほど勉強時間が足りない

大阪大学の看護学専攻を受けようと思ったのは、幼稚園のとき、将来は看護師さんになりたいと思ったからです。小さいときから人の体に興味があって、人体図鑑などを見ていました。

だから大阪大学の看護学専攻を志望したのですが、無謀な挑戦であることも分かっていました。大阪大学を目指そうと思ったのは、親しい友だちが大阪大学を目指しているからという単純な動機です。

そしてまた国公立でないと授業料が大変だと思ったからです。結果的には大阪大学１校だけを受けたことになりますが、大阪大学がダメなら後期では大阪府立大学を受けるつもりでいました。

そのような無謀な夢を描いた私ですが、武田塾では毎週宿題が出され、翌週の土曜日には確認テストです。８割取れば、その週の勉強は合格なのですが、頑張って、頑張って、ようやく合格というギリギリの状態でした。

武田塾では４日やって２日戻るという復習の大切さを教えられます。もちろんその大切さは分かるのですが、いざやるとなるとどうしても終わりません。

特に私の克服課題である苦手な数学は、今週こそは合格しようと必死でした。2日間は復習に充てるべきなのですが、宿題範囲を終えることさえできず、テストのある土曜日の前日、金曜日などは焦りも頂点です。学校の授業のない浪人生を羨ましいどころか、恨めしく思っていました。

受験勉強も後半になるころには、高校での授業も少なくなり、ありがたく内職させてもらうようになるのですが、武田塾に通い始めた9月から10月ごろは、余りにも勉強時間が足りなくて焦ったり、思いどおりにならないことが多くて落ち込んだりしていました。

そのようなときに校舎長や講師の人たちに声を掛けられると、ついつい涙腺が緩んでしまいます。そうなのです。私は泣き虫なので幾度も泣き出してしまっては、講師の先生たちをオロオロさせていたのです。

――すべては勉強法を覚えることから始まった

もちろん、毎週武田塾から指示される範囲を集中して勉強すればいいだけです。指示された範囲をやり切ることに集中して、悩む時間も、考える時間もないくらいに頑張ったのですが、それでも全部の科目の宿題をやり切れず、全科目で合格点を取れたのは10回もありません。

それでも何とか追いつこうとやっているうちに、記述の模試は相変わらずE判定ですが、センターのマーク式模試のほうではC判定が取れるようになっていきました。

毎週の宿題をやり切るところまではいっていなくても、「着実に実力が付いてきた証拠だよ」と校舎長にも言ってもらいました。

校舎長には、すべて任せることのできる安心感があります。そして講師の先生たちは話しやすい方たちばかりで、たくさん話せて楽しい時間を過ごさせてもらいました。もちろん、勉強についても分からないことだらけなので、人一倍質問をして、丁寧に答えてもらいました。

先に学校の成績がビリに近かったことを書きましたが、数学などもよくこれで進級できたなーと自分でも驚くほどひどい成績でした。

ところがこの数学、苦手ではあるのですが、好きな科目なのです。好きな科目なのに苦手科目でもあるというと不思議に思われるでしょう。それでも解けたときの喜びは数学が一番なのです。

数学と化学と物理は、分からないことだらけでした。参考書を読んでも、そこに至る考え方が分からないのです。講師の先生に、解説が飛んでいるところなどを説明してもらいました。

それでも数学と仲良くなりたいと思っているのに解けないのです。半べそをかきながら解き直し、それでも分からなくてポロポロ泣き出してしまったことが幾度もあります。普通の高校生なら授業を受けただけで身に付いていることが、私には欠落していたようです。

9月に武田塾に入塾してからは、逃げずに向き合う努力をしました。毎週宿題が出されるので、取りあえずは解答を見て、何回も解いてみる、何回も読んでみる、どうしても理解できないときは講師の先生に聞きに行くということを繰り返しました。

――マーク模試をやってみて、「分かる」が実感できた

最後の最後まで、数学のⅠAもⅡBもすべて穴だらけでした。ベクトルや数列はまったくできない状況が続いていました。英語や日本史の参考書の勉強は次々と終わっていくの

に、数学の確認テストでは合格点が取れずにやり直しです。3週間ぐらい同じ範囲を繰り返していると、わけが分からなくなります。

確認テストのときは、いつも心の中で泣いていました。帰る前には本気で泣いていました。受験勉強がしんどいというよりは、確認テストに間に合わせる勉強ができなかったことが辛かったのです。

ところがマーク模試をやってみたら、解けたのです。それまで『基礎問題精講』という参考書を使って勉強してきたのですが、この本で問題の解き方の基礎を学ぶことができたので、その考え方を活かして解くことができたのです。

ヤッター！　分かったー！　その模試を受けながら、ずーっとニヤニヤしていました。苦手なはずの数学のテストだからこそ、解けたときはこれ以上の快感はありません。

――えっ？　なんで私の番号があるの？

「あれー！　私の番号がある気がする」

「なんで私の番号があるの？」

「あれ？　あれ？　あれ？」
「これって、私の番号じゃない？」

ここまで勉強ばかりやっていたように書いてきましたが、たまには遊んでいて、音楽を聴いたり、YouTubeを観たり、ゲームの実況を観たりしていました。

そのせいではないのですが、本番の試験ではやはり数学が解けなくて、「これは無理だ」「もうダメだ」と思いました。だから合格発表のときは、私の番号がないのを確認して、後期の大阪府立大学の受験に臨もうと考えていたのです。

それなのにチラッと見たら、番号がないのを確認しようとしたら、なぜか自分の番号があったのです。周りの人たちはメチャクチャ喜んでくれたけれど、私は放心状態です。まさか私が受かるなんて……、なんで受かってるの……。

確かに、受験勉強のために頑張ってきました。もちろん大阪大学合格を目指して頑張ってきたのです。あとで後悔しないように頑張ろうと思っていたのです。

①頑張って受かる
②頑張らないで受かる

③頑張ったけれどダメだった
④頑張らなかったのでダメだった
一番いいのは、①の頑張って受かるだと思います。

私の周りにも、③の頑張ったけれどダメだった人がいます。大学受験というものは、それほどシビアな現実です。それでも精一杯頑張った結果ならば、後悔しないのではないでしょうか。

これから受験されるみなさんには、④にだけは陥らないようにしてほしいと思います。泣き虫の私でも、頑張ったのですからね。

担当教務より

志望校選択へのアドバイス

入塾時から本人が、国公立だけしか受けないと決めていました。

生徒の性格、勉強法の問題点

真面目過ぎるぐらい真面目な生徒です。勉強については全体的に自信を持てず、終始不安な様子でした。

受験指導の重点ポイント

毎週の宿題を100%に仕上げるように促し、基礎が完璧でないと応用はできないが、基礎ができていれば応用の演習が足りなくても太刀打ちできると助言しました。

途中経過と指導法の改善点

得意科目（文系）は順調に進んだのですが、苦手科目（理系）の問題の意図や何を答えたらいいのかが分からず悩んでいました。その問題文の文言と解き方をセットにして覚えてしまうように指導することで改善させました。

生徒の変化と指導上の留意点

できないことがあると落ち込んだり引きずったりしていました。そのようなときには話し合い、気持ちの整理ができるようにしました。大阪大学の理系志望なので京都大学の理系の講師に対応してもらったことも、共通の話題があるので良かったように思います。

受験直前期対策と合格のための選択

毎日の勉強はしっかりやっていましたが、入塾時期も遅く、得意・不得意科目の差が大きく、ルートを最後まで終えることが、物理的に困難でした。そのため中途半端な状態で先に進むのではなく、基礎を１００％にすることに重点を置きました。

これからの大学生活に期待すること

せっかく恋焦がれた第一志望の大阪大学に受かったのですから、そこでしかできないことを全力で行ってください。受験勉強で得た自信は大学でも、さらに社会に出てからも役立つはずです。

合格
体験記
6

特進コース落ちこぼれ、二浪目で奮起して獣医学科に挑戦

武田塾との出会いが不可能を可能にした

堀《ほり》場《ば》優《ゆう》希《き》
既卒（二浪）

武田塾名古屋星ヶ丘校（愛知県）　コース：数英物化LL及びセンター対策で10月から国語と地理L

合格した大学

東京農工大学農学部共同獣医学科／日本獣医生命科学大学獣医学部／麻布大学獣医学部（太字が進学先）

略歴

私立愛知淑徳高等学校卒

中高一貫の女子校。中堅の進学校、中学入学時の偏差値は60くらいだそうです。中高6年間バトントワリング部所属、本格的に受験勉強を始めたのは浪人2年目、19歳の春から

です。

志望大学と受験科目

志望校を選んだ理由

私の育った名古屋からアクセスのいい東京にある唯一の国立大学の獣医学科だからです。オープンキャンパスで見学しましたが都会にありながらも落ち着いた印象で、農場があり、動物がたくさんいるキャンパスにも心が惹かれました。

受験科目

センター試験：国語（現代文・古文・漢文）、地理B、数学ⅠA・ⅡB、化学、物理、英語

2次試験：数学ⅠA・ⅡB・Ⅲ、英語、化学、物理

得意科目と苦手科目

得意科目：物理、英語

物理は、参考書で公式を丸覚えするのではなく、定理とか公式とかによる導出がしっかり身に付いたので、どんな問題にでも活かせて解けるようになりました。

英語は、中学生くらいの文法から見直して、単語、文法、読解、長文とやっていく武田塾の勉強法が良かったので、自然に出来るようになりました。

苦手科目：地理Ｂ、古文、漢文

文系科目は高校のときから好きではなかったです。これらの科目の受験対策に取り掛かったのも浪人２年目の９月からと遅かったので最後まで苦手なままでした。

それでも嫌いだけれど時間を取るようにしました。基礎知識を頭に入れ、センター試験の問題をたくさんこなしてセンター試験の形式や考え方に慣れるようにしたのです。地理は暗記科目なので、夜寝る前の隙間時間にやりました。眠くなるので立ってやっていたのですが、そのままベッドに倒れ込んで就寝です。

試験ごとの対策

センター試験対策

①化学や物理は２次試験の勉強をしていれば特別なセンター試験対策をしなくても点数は

取れます。

②数学は『基礎問題精講数学Ⅰ・A、Ⅱ・B（旺文社）』が終わったら、毎週1回センター試験と同じ60分間で過去問を解くように教務の先生が指導してくれました。

③英語は11月下旬からセンターの過去問を解き始め、形式や時間配分に慣れていきました。特に長文については、最初に綺麗に読むのではなく、設問を先に見てから、大きく捉えて読むようになりました。過去問を3～4年分、出来ない問題ほどしっかりやりました。

2次試験対策

応用も大切ですが、何度も基礎に立ち返って、抜けがないかをチェックすることが大切だと思います。

ケアレスミスをなくす方法

問題の途中途中で確認することが大切です。ケアレスミスをしてしまったら、原因を書き留めて一目で分かるようにしました。次から同じようなミスをしないように、常に前にやったミスを頭の片隅に置きながら演習をしました。解く速さについても、1問1問の時間を設定して、時間を意識して解くようにしました。

武田塾と受験勉強

武田塾との出会いと入塾したわけ

浪人2年目の4月ごろ、インターネットを使って家の近くの塾を探していました。他の塾では「今からでは獣医学部は無理だ」と言われたのですが、武田塾では「頑張れば合格できる」と言われました。

もちろん頑張れば受かると言われたところの方がいいし、自分でやることを重視する武田塾の自学自習のやり方が自分に合っていると思いました。

武田塾での日々と受験勉強

入塾前は勉強らしい勉強をしていなかったので、何から手をつけていいのか分かりませんでした。入塾後は1週間分の課題と復習を宿題という形でやるので勉強しやすくなりました。宿題とそのあとの確認テストの繰り返しで、何が分かって何が分からないのかが整理できるようになりました。

武田塾入塾直後の河合塾のマーク模試での偏差値は53（５９３点／９００点）です。それが12月のセンタープレの偏差値は68。本番のセンター試験は786点／900点を取ることができました。武田塾に入って、「ちゃんと自分で勉強すればできるようになる」という自学自習の癖が付いたことが大きかったようです。

毎週の確認テストでは、常に9割以上取れるように頑張りました。校舎長や担当講師の先生たちが励ましてくれたり褒めたりしてくれるので、精神的な支えにもなったと思います。

講師の先生たちは規定の時間がオーバーしても熱心に最後まで質問に答えてくれました。その姿勢には感謝の言葉しか見つかりません。勉強に行き詰まって教務の先生に相談すると、どんな小さなことでも親身に相談にのってくださって、また頑張ろうと思えたのです。

私の日常生活と勉強

準備期間中：7：00起床、9：00～12：00家で勉強、13：30～21：00塾で勉強。

受験直前期：7：30起床、8：00～12：00家で勉強、13：30～21：00塾で勉強、22：00～24：00家で勉強。

午前中は自宅の自室、午後1時半から夜の9時までは武田塾の自習室で勉強していました。そのための移動時間も英単語の勉強です。朝起きてすぐや寝る前には地理の用語や古文の単語の暗記をやっていました。

地理と国語が大嫌いで苦手です。塾の自習室に行ったら、まずその苦手な2科目をやるようにしていました。自習室へ地理と国語の参考書だけしか持っていかないこともありました。

私のお薦め参考書、ベスト3

①大学入試漆原晃の物理基礎・物理が面白いほどわかる本（KADOKAWA／中経出版）

物理の公式がどういう法則や実験から生まれたのかストーリーが書かれてあって、記憶に残りやすい。公式の意味や導出が丁寧に説明されていて、なおかつそれをどう問題に活かすかまで書いてあって、とても分かりやすい。

②リードLightノート化学（数研出版）

基本的な問題がたくさん練習できて、これを完璧にすれば、応用に入っても困ることはありませんでした。

③国公立標準問題集CanPass数学Ⅰ・A・Ⅱ・B、Ⅲ（駿台文庫）

国公立標準問題集という位置付けの本。国公立を目指す人は、数学はただ解答するだけでなく、記述を過不足なく正しく書くことが大切です。そのためのポイントや考え方がまとまっていて、とてもためになる参考書です。

合格体験記——堀場優希

——特進クラスの落ちこぼれのまま高校卒業

高校は中高一貫の愛知淑徳高等学校、女子校です。中学入学時の偏差値は60ぐらいだそうですから、進学校というほどではなく、進学校になりたいけれどなれないといった、中堅どころの自称進学校ってところでしょうか。

その愛知淑徳の6年間ですが、バトントワリング部でバトンを回し続けていました。バトントワリング部は、バトンの練習以外にも走り込みや筋トレもあるし、団体で踊るので周りに揃えるための協調性なども求められます。大会もあるので、ほぼ休みなしに部活に参加していました。

大学受験のために途中で辞めてしまう子もいたのですが、私は引退するまで続けていました。特に他にやりたいことがあったわけでもなく、そのあとの進路についても、これといったものがなかったのです。だから愛知淑徳の6年間は、楽しかったけれど何か置き忘れてきたって感じです。

愛知淑徳高校は2年のときに文系と理系に分かれます。さらに文系と理系のそれぞれ1クラスだけが国公立を目指す『特進クラス』になります。

私も高校1年のときに、周りの雰囲気につられてなのですが、『特進クラス』を目指して頑張ったお陰で、高校2年からは理系の『特進クラス』に入りました。でもそこには、悲惨な現実が待っていたのです。

それまではクラスの中でも出来る方だったので自信をもって勉強していたのですが、『特進クラス』に入った途端、下から数えて何番目という有様です。『特進クラス』だと部活も辞めて塾に通っている子も多いし、テストも急に難しくなるし、ともかく周りの子がめちゃくちゃ勉強ができるのです。

部活を辞めたくなかった私は一気に下位に転落するだけでなく、高校2年の夏ごろには戦意喪失というか、頑張っても成績が上がらないので勉強する気持ちも失せてしまいました。

たぶんその頃の私への評価は、「特進クラスに入っているめちゃくちゃおバカな人」「特進クラスという皮を被っためちゃくちゃ頭の悪い人」だったと思います。

普通クラスにも私より成績のいい子が一杯いたので、卒業時の成績は私が最下位、辛うじて卒業させてもらったってところだったのでしょう。

——浪人1年目も、行きたい大学なんてなかった

漠然と、「やっぱり大学は行っとかないとなー」という思いはありました。私自身は落ちこぼれですが、一応『特進クラス』にいたので、周りは結構いい大学へ進学しています。

せっかく中高一貫校にも行って、結構勉強ができる環境を親に用意してもらったのに、大学に行かないのは申し訳ないと思っていました。高校時代から「大学に行かないと」

「大学に行かないと」と思っていたのですが、周りは地元の結構いい大学、名古屋大学などに行っています。

私も現役時代の模擬試験のときには、みんなが「名古屋大学に行きたい」とか「岐阜大学を目指す」とか言っていたので、ステータス的には名古屋大学志望がいいんじゃないだろうかとか、「国公立がいいよね」などといった感じでした。でも、特別行きたい大学も思い浮かばないし、そのころの成績が酷かったので、真剣に考えることなく一日一日が過ぎて行きました。

そのような状況では勉強に身が入るわけがありません。当然のように浪人です。その浪人1年目も、特に行きたい大学もなく、何かやりたいこともなく、ポケーッとYouTubeを観ているような状態で、引き続き勉強もせずに悶々とした日々を過ごしていました。

やがて浪人2年目を迎えることになり、動物が好きだから獣医学部もいいかなと考えて、塾か予備校を探し始めました。そんな私の漠然としたイメージを危なっかしいと思ったのでしょう、最初に行った個別指導塾からは「今から勉強して獣医学部なんて到底無理ですよ」とやんわり断られてしまったのです。確かに文系科目が苦手で、高校では理系の特進クラスだったことや、動物が好きだからという程度の理由で選んだ進路です。

後述しますが武田塾の受験相談のときに「頑張れば大丈夫ですよ」と言ってもらえなかったら、さっさと諦めていたかもしれません。さらに、それこそ本当に「獣医学部に入りたい」「獣医になりたい」と思ったのは獣医学部受験が迫ってきた秋口ぐらいになってからです。

飼っていたトイプードルが病気になり、塾に行く途中にあった動物病院に連れて行ったら、「ずっと張り付いて診てるから大丈夫だよ」と獣医さんが朝から晩まで付いていてくれたのです。「この獣医さん、動物が好きなんだー!」「やっぱり、獣医っていう選択肢があるよね」と、本当にポッと火が付いた感じです。

――もう、武田塾しか残されていなかった

本気で獣医学部を目指そうと思い始めたのは浪人2年目の4月上旬です。でも前述したように、最初に訪ねて行った塾、実は東京個別指導学院という塾ですが、「今から1年で国立大学の獣医学部を目指すのは無理ですよ。私立大学の獣医学部だって倍率が高くて厳

しいです」と、半分断られてしまいました。

でもそれが正直なところだと思います。東京個別指導学院さんも私のことを考えて、ハッキリ言ってくださったのだと思います。

そして武田塾ですが、武田塾には『ルート』という志望校合格のために突破しなければならない具体的な参考書が明示されています。だから受験相談のときも「やればできる」と言った安易な励ましではなく、具体的なルートが提示されて、いつまでに何を終えておかなければならないかを教えられて、「ここまでやることができれば合格できます」と指し示してもらえたのです。

第一志望として東京農工大学の名前だけは掲げていたものの、すでに高校を卒業してから1年以上経っています。それでなくとも高校時代は授業をまともに聞いていなかったし、何をやっていたかも覚えていないし、卒業もギリギリだった私が国立大学の獣医学部の名前を掲げること自体が間違っているのかもしれません。国公立大学でなくても、私立大学の獣医学部も結構少なくて、倍率も高くて狭き門です。

センター試験は高校在学中に受けさせられたのですが、その頃は志望校もあやふやで、適当に受けたから全然覚えていません。２次試験も、どこにも出願しなかったので、当然ですが受けていません。だからセンター試験も２次試験も実質初めてなのです。

結局のところ試験の感覚についても未体験で、基礎学力についてもあやふやで、さらに試験対策らしい対策もしていないのに、突然めちゃめちゃ難しい国立大学の獣医学部を受けたいと言い出したのです。

前述の東京個別指導学院で断られたのもあまりにも当然の話だったのですが、一縷の可能性を示してくれたのが武田塾だと言えます。

――獣医学部なら国立、それも東京農工大学

実は東京農工大学以外は考えられなかったのです。獣医学部や獣医学科のある大学って、国公立大学では11校、私立大学は６校の計17大学しかありません。それも獣医学部という特殊性から、辺鄙なところというと失礼なのですが、東京農工大学以外は地方にあります。それなのに獣医になるには６年間も通わなければならないのです。

私立大学の獣医学部だと６年間の学費や研究費は膨大な金額になるし、下宿代も併せて考えると信じられないような額になってしまいます。さらに研究設備なども、国公立大学

の方が整っているようです。

それが東京農工大学だと、国立大学だから授業料や研究費も安いし、実家のある名古屋からのアクセスも悪くないのです。

そのような理由から東京農工大学を第1志望としたのですが、前述のとおり無謀な挑戦であることは言うまでもありません。そのような私の状況を考えて「1年では無理ですよ」と言ってくださった東京個別指導学院の方も良心的だと思いますが、ルートを指し示してくれて「これが出来れば合格できますよ」と合格の可能性を具体的な方法で提案してくださった武田塾に賭けるしかありません。

そしてもう一つ武田塾の方がいいと思った理由は、参考書を使って1週間ごとの課題を提示してくれて、自学自習でやった後に確認テストで習熟具合を確認するという勉強法にあります。

私自身、授業を聞いて、その場で理解することが苦手です。その点、テキストや参考書とにらめっこしていれば、気になるところは何度も読み返せます。

高校時代はあまり勉強しなかったとはいえ、断片的には覚えているところもあります。

たぶん授業中心の塾や予備校だと、分かっているところもきっちりとやるので、ムダな時間を費やすことになります。

本番の試験まで1年もない状況下では、武田塾方式の参考書を使った自学自習で効率よく勉強しないと、それでなくとも合格の可能性の低い東京農工大学が、手の届かないところに行ってしまいます。

――「キミなら出来る」と励まし続けられた武田塾の日々

武田塾へ入塾した直後の5月上旬、センター試験形式の河合塾マーク模試を受けました。結果は９００点満点で５９３点、偏差値53くらいです。

それがどんどん上がり続けて、最後に受けた12月のセンタープレでは偏差値68まで上がりました。さらに本番のセンター試験では９００点満点で７８６点、87％ぐらいの正解率です。後で振り返っても、「我ながらすごかったよね」と自分で自分を褒めてあげたいぐらいのゴボウ抜きです。

その間、他の受験生から遅れていることは分かっていたので、本当に勉強するしかなかったのです。それこそ毎週の確認テストで失敗したら、また来週やればいいなんてことはなくて、それでなくても遅れているのに、さらに1週間ずつ遅れが溜まっていくのが目に見えています。だから確認テストは合格ラインの8割じゃなくて、常に9割以上が取れるように頑張りました。

すでに二浪目です。武田塾に入ったのも4月下旬になってからなので、3月から入った生徒さんに比べたら2か月も遅れているのです。武田塾で提示されたルートを見ても、たった1週間でも遅れるわけにはいきません。

今までならば勉強というと、何をやればいいのか分からないから、ただ漠然と参考書を眺めていたのですが、毎週宿題（課題）が出されて、1週間後までに身に付けなければいけないのです。

毎週宿題が出されて1週間後に確認のためのテストをやるという単純な繰り返しなのに、自分でも不思議なくらいに自学自習の習慣が付きました。それも、確実に身に付けるという習慣です。

このようにおおむね順調に勉強も進んでいたのですが、当初からの目標が雲の上にあるような東京農工大学です。そのような無謀な挑戦に、当初の受験相談のときから相談に乗ってくださっていた武田塾名古屋星ヶ丘校の浜島先生は、「キミなら出来る」「大丈夫だよ」と力強く言い続けてくださいました。

だから「まだ行ける」「もっと頑張れる」と思って頑張ったのですが、自分でも無謀な挑戦だと分かっていたのですから、浜島先生が力強く言い続けてくれなければ、どうなっていたか分かりません。

最初のころは５９０点ぐらいからどんどん上がり続けたのですが、そこから、さらに高みを目指すってめちゃキツイのです。「成績が上がってきたなー」と思っていても、上がり切った状態なのに、まだ上を目指さなければならないのです。そんなときも、「キミなら出来る」「大丈夫だよ」と言い続けてくれたのが浜島先生でした。

――武田塾に入ってからの、私の二浪目生活

もちろん一浪目だって、そこそこの勉強をしていました。でも「何を」「どのように」「いつまでに」やるかという目算も立たないので、「毎日8時間は勉強しなくては」といった勉強時間を消化することだけが目安の勉強でした。せいぜい目途といっても模擬試験の

たびに、偏差値が「上がった！」「下がったー」と一喜一憂するだけの生活です。

浪人2年目の5月からは、毎週の課題が宿題として出されます。

必ずしも指示されたように4日間は先へ先へと勉強して、残り2日間で復習を繰り返すようには行かなかったのですが、それでも1週間後の確認テストへ向けて、今何をやるべきか、今日はどこまで終わらせなければいけないかがハッキリしています。

やるべきことがハッキリしているので、あとは時間をより効率的に使い、頭に叩き込むだけです。

午前中は自分の家の自分の部屋です。午後1時半の塾が開く時間には自習室に行って、夜9時の自習室が閉まる時間までいました。

隙間時間は、新しいことをするには時間が足りないので、単純な暗記などに充てました。新しいことは自習室や自分の部屋などで3時間など、理解するために十分な時間を取って取り組みます。

さらに隙間時間の利用については、どの隙間時間で何をやるかも決めていました。塾へ向かう電車の中では、まだ疲れていないから英単語を暗記します。帰りの電車は疲れているから音楽を聞いてリラックスです。そして寝る前は地理の用語や古文単語です。

ただ単純に隙間時間は暗記に充てようなどと思っても、どの程度の隙間時間があるのかを考えて取り組まないと、なあなあで過ぎて曖昧になってしまいます。武田塾に入ったお蔭で、隙間時間も含めて〝いつまでに〟〝なにを〟〝どこまでやるか〟を考えて取り組む習慣ができたようです。

――理解するまで延々と付き合ってくれた先生たち

もともと理系科目が好きだから、マーク模試などで５９０点台といった低いところから、主に理系科目の得点によってどんどん点数が上がって行ったときは良かったのです。その理系科目の得点も上がり切った状態になってしまうと、それからさらに点数を上げるって、本当に大変なのです。

その間、苦手科目だった文系の国語や地理はほとんどやっていなくって、これ以上点数を上げるとなると、まだ伸びしろがある苦手科目に手を付けるしかありません。でも、やらなきゃいけないことは分かっていてもなかなか手を付けられなくて、しぶしぶ始めたときには10月になっていました。

もう誤魔化しようがなくなり、ようやく漢文をやり始めたときのことです。あまりにも分からないことだらけで、その日も最後まで自習室に残っていました。

あまりの酷さに、「センター試験対策ごときで、なんで分からないんだろう?」「あまりにも分からなさ過ぎて、なんで分からないのかな?」と教務の先生に相談したら、「いやいや、まだ始めたばかりなんだから、焦らなくていいよ……」と、優しい言葉が返ってきました。

誰だって、激励の意味が込められていたとしても、叱られるのは好きじゃないと思います。このときもそうですが、いつでも私のことを理解してくれていて、確認テストなどでいい点を取ったときなど間髪を容れず褒めてくれて、努力を認めてくれました。思いどおり進まないときにも、一緒になって原因を考えてくれました。

だからだと思います。勉強がうまくいかないときなどチラッと先生の横顔を見ると、それだけで励まされている気がして、もうひと頑張りしようという気持ちになるのです。

2次試験の問題を解こうとすると、難しい問題ならば1問解くのにも時間がかかります。物理と化学で分からないことがたくさんあった日などは、規定の1時間が過ぎても全部理解できるようになるまで付き合ってくれました。

普通なら「じゃー、この続きは来週……」となるのでしょうが、1時間の予定が2時間以上かかったことも幾度もありました。その日のことはその日のうちに理解させるという姿勢で臨んでいただきました。それがすごく嬉しかったし、ほんとうに感謝しています。

――普通の塾だと、こんなに短期間で挑戦できなかった

すでに白状してしまったように、高校を卒業してからもYouTubeをポケーッと観続けるような生活を続けていました。ちょっとだけ他の塾にも行ったことがあるのですが、授業を受けて「復習しといてね」と言われても、どこまでやればいいのかも分からないし、何をどのように復習していいのかさえ分かりません。

それ以前の問題として、1時間の授業で扱うのは3問程度なので、「たったこれだけでいいの?」って感じです。機械的に授業が進んでいくので、ときには「その程度のことなら前に勉強したからもういいよ」って思うムダな授業もあれば、「えっ、えっ、何のこと?

もっと詳しく説明してよ」と授業のスピードに付いていけないこともあります。そして何よりも、果たして自分が志望校の合格圏に近づいているのかどうかさえ、誰も教えてくれないのです。

武田塾では、まずは志望校合格のために、〝どの参考書〟の〝どの部分〟を〝いつまで〟に仕上げなければならないかが明示されます。武田塾でいうところの『ルート』です。次に、そのルートに基づいて1週間の宿題が提示されます。その宿題をやるための主な勉強法、4日間進んで2日間は復習に充てるという具体的な勉強法も教えられます。

そして1週間後には、提示されていた宿題の範囲の『確認テスト』です。宿題で使った参考書の指定された範囲の中からの出題ですが、この確認テストで80点以上を取らないと先へ進めないというルールです。

すべてが志望校の受験日と合格水準から逆算されているので、確認テストで着実に合格点を取り続ければ、試験本番でのケアレスミスや精神的な動揺さえなければ合格できるのです。

事実、私の場合はまさにそのとおりで、たったの10か月間しかなかったのに、第1志望の東京農工大学農学部共同獣医学科に合格できました。

――秋からの苦手科目への取り組みと受験本番

前述したように、苦手科目の国語と地理の勉強を始めたのは10月に入ってからです。それも教務の先生から「このままじゃまずいよ」と指摘を受けて、しぶしぶ始めたような状態です。それなのについつい、上手く行っている理系科目の勉強の方に目が行ってしまいます。理系科目の勉強をしていると、「勉強しているんだからいいでしょう」と自分への言い訳も出来るのです。

だから自習室には、国語と地理の参考書しか持って行かないようにしました。でないと「ちょっとだけ数学もやっておこうかな」と国語や地理の勉強から逃げ出してしまうのです。

宿題の関係で、同時並行でやらないといけないときも、自習室に着いたらまずは国語と地理の勉強です。それが終わらないと他の科目には手を付けないと決めていました。

受験が近づくにつれて、朝起きる時間を少しだけ遅くしました。

それまでちょっと頑張り過ぎて、疲れが溜まっているように思えたのです。夜寝る前に暗記系の科目や、昼間に幾度も先生に質問してようやく覚えた勉強の復習をやっていたのですが、ついついやり過ぎることもあったのです。

受験を目の前にして体調を整えておくことも大切です。さらに教務の先生から幾度も教えられた「新しいことに手を出して焦るのではなく、やってきたことの完成度を上げることが大切だよ」という言葉を思い返していました。

これって、本当に大切なことだと今も思っています。「こっちの参考書もやっておいた方がいいんじゃないか」などと思うことが多かったのですが、「これだけやったんだから大丈夫」と自分に言い聞かせて、完成度を上げることとケアレスミスをしないことに集中しました。

センター試験だけは地元で受験できますが、東京農工大学の2次試験以外にも、他の獣医学部の受験も東京で受けることになります。移動にも疲れるし、今さら焦って何かしても墓穴を掘るだけです。「やるべきことはやった」と幾度も思い返して、体調を崩さないことに集中しました。

もちろん武田塾から提示された『ルート』の参考書をやり切って、確認テストでも合格点を取り続けたという前提があるからこそですが、「やるべきことはやった」「あとはいつもどおりにやればいい」と思うことも大切です。

——あまりにも条件に恵まれ過ぎていたのかもしれない

実際の受験勉強期間って、武田塾に入塾したのが二浪目の5月ですから、10か月間もなかったと思います。それなのに不可能だと周りの人たちだけでなく、当の本人の私さえ思っていたのに合格できたのは、無駄のない最短距離で受験勉強に取り組めたからでしょう。それも、一番合理的なルートだと分かっていても、出来なくて普通です。勉強に専念できる環境や、苦しい受験勉強を乗り越えるためのモチベーションの維持など、幾つもの条件が整わない限り不可能です。

武田塾に入った直後からぐんぐん成績が伸びたということを書きました。武田塾の勉強法が的確だったということもあるのですが、その成功体験があったからこそ、そのあとの伸び悩みの時期も頑張れたのだと思います。

実は、武田塾で受けたコースは、まず最初は数学と英語のセットで毎週1時間、物理と化学のセットで毎週1時間のLLというコースです。実はこのどちらも私の得意分野です。その得意分野の勉強法を教わったから、点数も急激に伸びたのです。

でも、これらの得意分野の点数が伸び切って頭打ち状態になったとき、残る伸びしろは不得意分野である文系の国語と地理だけでした。

最初はセンター試験対策だけなので、半ば捨て科目としか思っていなかったのですが、やはりそれでは志望校合格が怪しくなってしまいます。教務の先生からのアドバイスもあって、10月からセンター試験のときまで、国語と地理についても武田塾の指導を受けることにしました。

もちろん画期的に点数が良くなったと言えるほどではないのですが、それなりの伸びしろがあったので、この2科目についても大幅に改善できました。

でも、もし5月の初めからこの2科目も含めて勉強していたとしたらどうでしょう? もしかすると勉強する時間が分散して、武田塾に入った直後に経験したような、理系科目を中心とした急激な成績アップは出来なかったかもしれません。合格した今となっては、苦手科目に取り組み始めたのが10月からで、残された時間もないから我武者羅に突っ走ることができたようにも思います。

——そして東京農工大学農学部共同獣医学科1年生の今

獣医学科って女の子が多いのです。1年生の38人中、女の子24人、男の子14人です。だからってわけでもないのですが、私も含めて女の子がノビノビとしています。

都心からはちょっと離れていて、大学の裏には農場もあって、牛とか、馬とか、ヤギとか、犬などが一杯います。そんな恵まれた環境にいて勉強しているのですが、サークルはバレーボールと空手に入りました。そして実は、このあとやりたいことですが、武田塾のアルバイト講師をやってみたいのです。

武田塾って、ちょっと不思議な塾だと思います。私自身が経験したことですが、他の塾や予備校では到底不可能だった逆転合格が、まるで当たり前のようにできる塾なのです。

そのような経験をして、まるで雲の上にあるような存在だった志望校に合格した人って、まだまだ少数だと思います。そして私自身が、そのような夢をつかんだ少数者の中の一人なのです。

まだ武田塾を知らない人たちが一杯います。武田塾のことも教えてあげたいし、私の経験を話して元気づけたいと考えています。受験勉強に四苦八苦して、ときには目の前が真っ暗になるような経験をした受験生として、そっと温かく見守ってくれた教務や講師の先生たちの真似事をやってみたいのです。

でも一人暮らしを始めたばかりなので、「慣れるまでいいよ」「無理しなくても、やれるようになったらおいで」と言われています。

4日進んで2日復習という武田塾の勉強の進め方や、合格までの『ルート』に基づいて宿題が出され、1週間後に確認テストを行うという方法が、受験勉強のためには最適だということは言うまでもないのですが、やはり一人ひとりの受験生を支えるのは、校舎長や教務の人たちの存在はもとより、講師をやってくれている学生さんたちです。その武田塾のお蔭で志望校に受かった私たち自身が経験者として、後に続く受験生を支えることが大切なように思います。

担当教務より

教務担当：石田智大

志望校選択へのアドバイス

自分の将来やりたいこと、興味が持てることが学べる大学を選んでくれました。

生徒の性格、勉強法の問題点

毎日一番早くに自習室に来て、一番遅くまで残って頑張っていました。困っていることや悩んでいることは、率直に質問や相談を持ち掛けてくれました。

受験勉強指導の重点ポイント

参考書を徹底的にやり込むことで、答を覚えて解答するのでなく、解答の根拠までしっかり理解するように指導しました。理解が難しい数Ⅲなどは、まずは公式を叩き込んでもらって、問題演習を積み重ねました。

途中経過と指導法の改善点

科目数が多い中、毎回ほぼ１００％の宿題達成率です。その結果、確認テストの合格率も80％を超えていました。

生徒の変化と指導上の留意点

真面目で勤勉なところは終始変わらず、欠かすことなく毎日自習室にやってきて、頑張っていました。

受験直前期対策と合格のための選択

過去問プラス苦手分野の参考書の学習を徹底的に繰り返してもらいました。

これからの大学生活に期待すること

このあとの勉強も大変だと思いますが、受験勉強の辛さとその達成感を思い出して、獣医になるために頑張ってください。勉強も大事ですが、キャンパスライフも楽しんで充実した大学生活を送ってください。

〈著者プロフィール〉

林 尚弘（はやし・なおひろ）

武田塾塾長。株式会社A.ver代表取締役社長。
1984年生まれ、千葉県出身。地元の進学校に進み、高校1年生から浪人時代を含め計4年間予備校に通うも、受験に失敗。大量の授業を受けても成績が伸びなかった自身の経験をもとに、「日本初！授業をしない。武田塾」を設立。独自の学習理論で東大、早稲田、慶應、国公立大医学部などへの逆転合格者を続出させて話題となり、2020年3月現在、全国に約300校を展開。主な著書に『予備校に行っている人は読まないでください』（ミヤオビパブリッシング）、『参考書が最強！』『E判定からの逆転合格にはわけがある！』（ともに幻冬舎）などがある。
武田塾HP https://www.takeda.tv/
武田塾医進館HP https://takeda-medical.jp

受験合格は参考書が9割。
武田塾合格体験記　医学部・獣医学部編

2020年3月20日　第1刷発行

著　者　林 尚弘
発行人　見城 徹
編集人　福島広司
編集者　木田明理　片野貴司

発行所　株式会社 幻冬舎
〒151-0051　東京都渋谷区千駄ヶ谷4-9-7

電話　03(5411)6211(編集)
03(5411)6222(営業)
振替　00120-8-767643
印刷・製本所　株式会社 光邦

検印廃止

ISBN978-4-344-03584-3　C0095
幻冬舎ホームページアドレス　https://www.gentosha.co.jp/

この本に関するご意見・ご感想をメールでお寄せいただく場合は、
comment@gentosha.co.jpまで。